U0517672

国家社会科学基金青年项目（编号：09CJY029）

中国博士后科学基金项目（编号：2013M540696）

重庆市博士后科研特别资助项目（编号：XM201360）

重庆工商大学工商管理学科专项出版资助项目

公共支出对城乡收入差距影响的实证研究

刘伟 著

中国社会科学出版社

图书在版编目（CIP）数据

公共支出对城乡收入差距影响的实证研究/刘伟著 . —北京：中国社会科学出版社，2016.9
ISBN 978 - 7 - 5161 - 9032 - 6

Ⅰ. ①公… Ⅱ. ①刘… Ⅲ. ①财政支出—影响—居民收入—收入差距—城乡差别—研究—中国 Ⅳ. ①F126.2

中国版本图书馆 CIP 数据核字（2016）第 237622 号

出 版 人	赵剑英
责任编辑	刘晓红
责任校对	周晓东
责任印制	戴 宽

出 版	中国社会科学出版社
社 址	北京鼓楼西大街甲 158 号
邮 编	100720
网 址	http://www.csspw.cn
发 行 部	010 - 84083685
门 市 部	010 - 84029450
经 销	新华书店及其他书店

印 刷	北京明恒达印务有限公司
装 订	廊坊市广阳区广增装订厂
版 次	2016 年 9 月第 1 版
印 次	2016 年 9 月第 1 次印刷

开 本	710×1000 1/16
印 张	11.75
插 页	2
字 数	201 千字
定 价	46.00 元

摘　要

　　城乡居民的收入差距问题是当前中国学术界和实务界关注的焦点问题之一。自改革开放以来，城乡居民的收入差距几乎一直保持扩大的趋势，其人均绝对差额由 1978 年的 209.8 元增长到 2011 年的 14832.5 元，相对差额由 1978 年的 2.57 倍增长到 2011 年的 3.126 倍。多年来城乡收入差距的持续扩大，抑制了农村居民消费需求和农村人力资本积累，严重阻碍了农村产业结构升级，已经影响到了我国经济的健康与可持续发展，给社会的稳定发展带来了极大的负面影响。随着经济结构调整和社会发展转型升级的推进，城乡收入差距问题已经成为影响中国经济稳定发展的主要问题之一，被认为是影响社会长期和谐稳定的一个重大威胁。而作为最重要的收入再分配手段之一，公共支出在促进收入公平分配、调节收入分配差距方面的作用一直被理论界与实务界认为是无可替代的，这在许多国家与地区政府，以及世界银行等国际组织中已达成一致的共识，认为合理的公共支出措施或手段对迅速改变整个社会收入分配不公平的局面具有重要影响和意义。改革开放以来，我国的公共支出绝对规模一直处于扩大的态势，近年来占 GDP 的比重呈快速增长的势头，在资源配置和宏观调控上取得了很好的成效。但是近 20 多年来中国城乡收入差距正在逐渐拉大却是不争的事实。为什么作为最重要收入再分配手段的公共支出其规模在逐年扩大的情况下，城乡居民收入差距却呈不断扩大的趋势？因此，有必要从公共支出的角度探讨城乡居民收入差距问题。国内不少学者围绕公共支出与城乡居民收入差距的关系问题展开了研究并提出了不同的观点，但是有关两者之间关系的实证研究结果还较少，相对系统全面、深入的实证研究更加缺乏。基于上述认识，本书着重分析探讨公共支出对城乡收入差距影响的传导机制与实证研究，并在此基础上提出相应的公共支出政策建议来缩小城乡居民收入差距，减轻城乡收入分配失衡对社会经济发展带来的负面冲击，保证国民经济的正常健康运行。本书共分八章，主要内容如下：

第一章，引言。主要阐述了本书的选题背景、学术意义与现实意义，概括了本书的研究思路、研究方法和主要研究内容，并就所涉及的一些重要概念进行阐释与界定，同时归纳出本书的创新之处。

第二章，相关理论及文献综述。首先对古典经济学派、社会政策学派、新古典经济学派、凯恩斯学派和供给学派等有关公共财政支出理论的发展历程与学术观点进行梳理及简要述评；其次对有关城乡收入差距变动影响因素的实证研究文献进行了综述与述评。

第三章，公共支出对城乡收入差距影响的传导机制。首先分析公共支出规模对城乡收入差距影响的传导机制，包括直接影响和通过经济增长、就业、通货膨胀的间接影响；其次在公共支出结构上，主要着重分析了经济建设支出、农林水事务支出、科教文卫支出、社会保障支出和一般公共服务支出对城乡居民收入差距影响的传导机制，并回顾了中国公共财政支出体制改革的制度变迁，构建出我国公共支出对城乡收入差距影响的一个理论分析的概念框架，为下面章节的实证检验做好理论假设的铺垫。

第四章，公共支出与城乡收入差距：中国的现实背景。在对1978—2010 年中国公共支出与城乡收入差距变动状况及其特征进行描述分析的基础上，结合中国宏观经济体制改革的现实，对中国公共支出与城乡收入差距的变动进行制度经济分析，并对两者间存在的可能关系进行经验描述，为后面的实证研究确定假设条件提供分析前提和铺垫。

第五章，公共支出规模对城乡收入差距影响的实证研究。首先采用时间序列方法在六变量的框架内实证检验了我国公共支出规模与城乡收入差距之间的关系。其次采用面板协整方法分别对全国、东部、中部和西部地区地方公共支出规模对城乡收入差距的影响进行了实证检验。

第六章，公共支出结构对城乡收入差距影响的实证研究。首先从全国的视角采用时间序列检验方法实证分析公共支出结构（经济建设支出、科教文卫支出、社会保障支出和农林水事务支出）对城乡收入差距的影响。其次从地方省份的视角采用静态与动态面板检验方法实证分析了地方公共支出结构（一般公共服务支出、社会保障支出、农林水事务支出和科教文卫支出）对城乡收入差距的影响；为了能更进一步地说明问题，采用动态面板检验方法进一步对东部、中部、西部地区的一般公共服务支出、社会保障支出、农林水事务支出和科教文卫支出对城乡收入差距的影响进行实证分析。

第七章，实证结果及政策建议。对前面的理论与实证研究进行总结，并在此基础上提出有效缩小城乡收入差距的相关公共支出政策建议，为政府调节城乡收入分配提供政策参考。

第八章，研究结论及展望。主要是总结本书的主要研究结论，并对本书的局限性和将来进一步研究的方向提出看法。

本书的创新之处在于：

（1）尝试从公共支出的视角下构造分析城乡收入差距的理论框架。以公共支出理论和收入分配理论等有关理论为基础，尝试在多个理论视角下构造较为全面的公共支出对城乡收入差距分析框架，为实证分析确定假设条件，并提供分析前提和研究铺垫，尝试拓展与丰富现有中国公共支出理论和收入分配理论的研究体系。

（2）运用时间序列和面板协整等建模方法构造公共支出对城乡收入差距影响的计量模型。利用中国数据和时间序列建模方法，分别实证分析公共支出规模和结构对城乡收入差距影响的传导途径和作用机制；利用国内前沿的面板协整计量方法分别实证分析地方公共支出规模和结构对省际城乡收入差距影响的传导途径和作用机制，是对现有公共支出和城乡收入差距关系实证研究的一次创新性探索。

（3）新的研究结论与政策建议。通过本书的实证分析发现了一些新的研究结论，其新的政策含义在于：恰当地通过对全国及地方公共支出规模和结构，特别是一般公共服务支出、农林水事务支出、科教文卫支出、社会保障支出和经济建设支出等变量的调控以有效地调节我国城乡收入差距的扩大趋势。希望通过本书的研究能够为缩小我国城乡收入差距提供理论依据和实证支持。

关键词：公共支出；城乡居民收入差距；传导机制；实证研究；政策建议

目　录

第一章 引言

第一节 研究背景

改革开放以来，中国经济持续高速发展，取得了举世瞩目的巨大成就。初步核算，截至 2011 年，中国全年国内生产总值 471564 亿元，比上年增长 9.2%，成为世界第二大经济体。然而，在经济高速发展的同时，中国经济却呈现出不平衡发展态势，各地区之间的经济发展水平差距较大，居民收入差距非常明显。尤其是城镇与农村居民之间的收入差距，自改革开放以来几乎是保持扩大的变动趋势，城乡居民间的人均绝对差额由 1978 年的 209.8 元增长到 2011 年的 14832.5 元，相对比值由 1978 年的 2.57 倍增长到 2011 年的 3.126 倍，城乡差距过大已成为我国收入分配领域最主要的问题之一。多年来城乡收入差距的持续扩大，抑制了农村居民的消费需求和人力资本积累，严重阻碍了农村产业结构升级，已经影响到我国经济的健康与可持续发展，并且随着我国经济结构深化调整和社会发展转型升级的要求，城乡收入差距问题越来越成为影响我国经济社会稳定发展的重要问题，被认为是影响社会长期和谐稳定的一个重大威胁。因此，如何调节城乡居民收入差距过大问题已经成为当前中国实务界和学术界关注的焦点问题之一。

实务界最为典型的是我国政府为了缩小城乡居民收入差距，近 10 多年来就"三农"问题推出了多个重要文件并采取了一系列措施和政策，其中包括促进农村乡镇企业发展、引导和鼓励农村剩余劳动力转移进城务工、减免农业税和取消多种农村收费、大力推进小城镇建设和城镇化进程，以及支持新农村建设等。虽然这些措施和政策在促进农民收入增长上起到了很大的作用，在一定程度上延缓了城乡居民收入不断扩大的趋势，但并没有从根本上得到扭转。

对于城乡收入差距的扩大趋势，国内许多学者借鉴美国经济学家、诺贝尔奖获得者西蒙·库兹涅茨（1955）提出的著名的"库兹涅茨倒'U'形假说"① 来解释。一般性结论是从 1978 年至今的经济增长对收入分配总的来说是恶化效应，即经济增长不是减少了分配不公，而是拉大了分配差距（闫坤和王进杰，2004）。到底是什么原因导致了分配不公的问题，城乡收入差距为什么一直处于扩大的趋势？

作为最重要的收入再分配手段之一，公共支出在促进收入公平分配、调节收入分配差距方面的作用一直被理论界与实务界认为是无可替代的，恰当合理的公共支出措施或手段对迅速改变整个社会收入分配不公平的局面具有重要影响和意义，这在许多国家与地区政府，以及世界银行等国际组织中已达成一致的共识。

改革开放以来，我国的公共支出绝对规模一直处于扩大的态势，近年来占 GDP 的比重呈快速增长的势头，在资源配置和宏观调控上取得了很好的成效。但是近 20 多年来中国城乡收入差距正在逐渐拉大却是不争的事实。为什么作为最重要的收入再分配手段的公共支出其规模在逐年扩大的情况下，城乡居民收入差距却呈不断扩大的趋势？因此，有必要从公共支出的角度探讨城乡居民收入差距的问题。

---

① 西蒙·库兹涅茨（1955）认为，在经济发展初级阶段，尤其是国民人均收入从最低水平上升到中等水平时，收入分配状况先趋于恶化；而随着经济发展到一定的程度，收入分配状况会得到逐步改善，最后达到比较公平的收入分配状况，呈颠倒过来的"U"形状，但该观点是否能解释各国经济增长和收入分配状况以及解释力度有多强一直处于争论之中。

基于上述认识，本书拟从公共支出的角度出发，探讨我国公共支出对城乡居民收入差距的影响，分析公共支出对城乡收入差距影响的传导机制，并加以实证检验，在此基础上提出相应的公共支出政策建议来缩小城乡居民收入差距，减轻城乡收入分配失衡对社会经济发展带来的负面冲击，保证社会经济的正常稳定健康发展。

第二节　学术意义和现实意义

本书研究目的是在真正了解公共支出对城乡收入差距影响的传导机制和效应的基础上，试图通过实证分析从政府公共支出视角把握多年来城乡收入差距持续扩大的主要矛盾，为我国政府在缩小城乡居民收入差距的政策制定上提供坚实的理论基础、分析工具和实证依据，并提出可操作性的政策建议——政府应如何规范公共财政支出和选择恰当的公共支出政策，从根本上缩小城乡居民收入差距。这对整个经济社会发展全局、构建社会主义和谐社会和实现中长期科学发展目标具有重要的理论与现实意义。

一　学术意义

本书的学术意义在于：首先，通过公共支出对城乡收入差距影响传导机制的分析，初步建立一个公共支出对城乡收入差距影响的理论概念分析框架，为进一步实证分析提供理论依据和逻辑线索，丰富和拓展了我国公共支出和收入分配的理论体系。其次，在一定的理论概念分析框架下，尝试运用前沿的高等时间序列方法和动态面板计量方法，从不同的视角实证分析全国和地方公共支出规模与结构对城乡收入差距的影响与作用机制，为比较全面、系统地评价公共支出对城乡收入差距的作用效应提供实证依据，是从实证研究的角度对公共支出和收入差距研究体系的尝试性拓展。最后，对国内外有关公共支出与城乡居民收入差距关系的研究进行梳理和评述，采取批判与借鉴吸收的态度，以突出本书的前沿性和实用性，为相关研究人员提供参考。

二 现实意义

近 20 多年来中国城乡居民收入差距持续扩大，已经影响到我国社会经济的健康稳定发展，并且随着我国产业结构的调整和社会发展转型的升级，城乡收入差距问题越来越成为影响中国经济稳定和社会发展的重要问题。因此，如何缩小城乡居民间的收入差距，减轻由收入差距过大所带来的负面影响，已经受到理论学者和实务部门极大的关注。

2007 年中国共产党十七大报告指出"要逐步扭转收入分配差距扩大趋势"后，在 2008—2012 年的历年中国政府工作报告中都明确指出，把"坚决扭转收入差距扩大的趋势"列为国家经济社会发展主要工作任务之一。可见，从理论上深入研究城乡收入差距的成因和如何有效进行城乡收入差距调节已迫在眉睫。因此，本书的现实意义在于：从政府公共支出的视角，通过对我国公共支出影响城乡居民收入差距的问题进行实证研究，才能在真正了解公共支出对收入差距影响机制的基础上，把握中国城乡居民收入分配问题的主要原因，并提出可操作性的政策建议，为政府部门提供科学决策依据——面对城乡居民收入差距持续多年扩大，中央与地方政府应如何选择恰当的公共支出政策，缩小城乡居民之间的收入差距。

第三节　研究思路、方法和主要内容

一 研究思路

本书的研究思路主要是从抽象到具体、理论到实证的逻辑顺序来安排。首先，通过梳理西方公共支出理论演进脉络、公共支出对收入分配影响的实证研究，以及进行简要述评，初步分析了公共支出对收入差距影响的传导机制，作为实证研究的理论基础。其次，通过全国和区域省份的视角，分别实证分析公共支出规模和结构对城乡居民收入差距的影响，全面、系统地评价公共支出对城乡居民收入差距的影响效应，为我国中央和地方政府实施恰当的公共支出政策缩小城乡居民收入差距提供理论依据和实证支持。最后，依据实证结论提出相应的、切实可行的政策建议，为中央和地方政府公共支出政策的制定提供依据。

二　主要研究方法

本书主要采用历史与逻辑的分析、规范分析与比较分析、经验判断以及实证研究等研究方法。

（一）历史与逻辑的分析

历史与逻辑的分析主要是对我国公共支出和城乡居民收入差距的变动趋势进行分析，发现两者历史演进变迁的规律性，从不同侧面归纳出中国公共支出和城乡居民收入差距的变动特征，并在此基础上对公共支出和城乡居民收入差距之间的关系进行多视角的描述性分析，能够系统全面地分析问题和认识问题。

（二）规范分析、经验判断与实证研究相结合，以实证研究为主

根据经验判断和恰当的假设，对公共支出对城乡居民收入差距的影响进行实证估计，并对实证结果进行必要的规范性分析，从全国和地方区域的视角探讨公共支出规模和结构对城乡居民收入差距的影响。

在计量方法的选取上，考虑到从全国的视角分析公共支出对城乡居民收入差距的影响采用的是时间序列宏观经济变量数据，而从区域省份的视角则采用的是宏观经济变量的面板数据。因此，对全国视角下的实证分析，本书采用协整向量自回归（VAR）模型、Granger因果关系检验、脉冲响应函数（Impulse Response Fuction）、方差分解（Variance Decomposition）技术等时间序列计量方法来建立模型以实证分析公共支出规模和结构对城乡居民收入差距的影响；而对区域省份视角的实证分析，本书采用动态面板和面板协整、面板误差修正模型、面板向量自回归模型等前沿的计量方法来检验区域地方公共支出规模和结构对城乡居民收入差距的影响。

（三）比较分析

本书将对全国与地方的实证结果，以及全国、东部、中部和西部的实证结果进行比较分析，对政府公共支出影响城乡收入差距的效应做出判断，为缩小城乡收入差距的公共支出政策制定提供实证依据。

三　主要研究内容

本书共分为八章，其逻辑框架结构安排如下（见图1-1）：

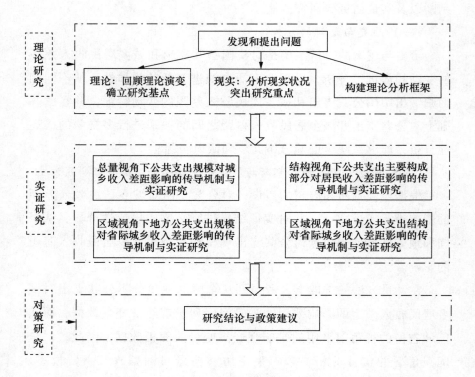

图1-1　本书的逻辑框架结构

第一章，引言。主要阐述了本书的选题背景、学术意义与现实意义，概括了本书的研究思路、研究方法和主要研究内容，并就所涉及的一些重要概念进行阐释与界定，同时归纳出本书的创新之处。

第二章，相关理论及文献综述。首先对古典经济学派、社会政策学派、新古典经济学派、凯恩斯学派和供给学派等有关公共财政支出理论的发展历程与学术观点进行梳理及简要述评；其次对有关城乡收入差距变动影响因素的实证研究文献进行了综述与述评。

第三章，公共支出对城乡收入差距影响的传导机制。首先分析公共支出规模对城乡收入差距影响的传导机制；其次在公共支出结构上，主要着重分析了经济建设支出、农林水事务支出、科教文卫支出、社会保障支出和一般公共服务支出对城乡居民收入差距影响的传导机制，并回顾了中国公共财政支出体制改革的制度变迁，构建出我国公共支出对城乡收入差距影响的一个理论分析的概念框架，为下面章节的实证检验做好理论假设的铺垫。

第四章，公共支出与城乡收入差距：中国的现实背景。在对1978—2010年中国公共支出与城乡收入差距变动状况及其特征进行描述分析的基础上，结合中国宏观经济体制改革的现实，对中国公共支出与城乡收入差距的变动进行制度经济分析，并对两者间存在的可能关系进行经验描述，为后面的实证研究确定假设条件提供分析前提和铺垫。

第五章，公共支出规模对城乡收入差距影响的实证研究。首先采用时间序列方法在六变量的框架内实证检验了我国公共支出规模与城乡收入差距之间的关系。其次采用面板协整方法分别对全国、东部、中部和西部地区地方公共支出规模对城乡收入差距的影响进行了实证检验。

第六章，公共支出结构对城乡收入差距影响的实证研究。首先从全国的视角采用时间序列检验方法实证分析公共支出结构（经济建设支出、科教文卫支出、社会保障支出和农林水事务支出）对城乡收入差距的影响。其次从地方省份的视角采用静态与动态面板检验方法实证分析了地方公共支出结构（一般公共服务支出、农林水事务支出、社会保障支出和科教文卫支出）对城乡收入差距的影响；为了能更进一步说明问题，采用动态面板检验方法进一步对东部、中部、西部地区的一般公共服务支出、社会保障支出、农林水事务支出和科教文卫支对城乡收入差距的影响进行实证分析。

第七章，实证结果及政策建议。对前面的理论与实证研究进行总结，并在此基础上提出有效缩小城乡收入差距的相关公共支出政策建议，为政府调节城乡收入分配提供政策参考。

第八章，研究结论及展望。主要是总结本书的主要研究结论，并对本书的局限性和将来进一步研究的方向提出看法。

第四节 有关概念和指标的界定

为了避免概念界限不清可能会导致研究工作缺乏严密性和科学性，本书在研究我国公共支出对城乡居民收入差距影响的问题时，就涉及的几个主要概念进行界定与阐释，以便于更加深入地展开公共支出对城乡居民收入差距影响问题的研究。

一 相关概念的界定

（一）公共支出（Public Expenditure）

公共支出是公共财政支出的简称，通常是指政府为市场提供公共服务所安排的支出。恰当的公共支出可以确保政府部门对国家职能的履行，发挥政府在国民经济调控中的作用。按照国家统计局所发行的《中国统计年鉴》，公共财政支出指国家财政将筹集起来的资金进行分配使用，以满足经济建设和各项事业的需要。主要包括一般公共服务、外交、国防、公共安全、教育、科学技术、文化体育与传媒、社会保障和就业、医疗卫生、环境保护、城乡社区事务、农林水事务、交通运输、资源勘探电力信息等事务、商业服务等事务、金融监管支出、国土气象等事务、住房保障支出、粮油物资储备管理等事务、国债付息支出等方面的支出。

（二）公共支出规模

通常认为公共支出规模是政府经济活动的范围和对经济的干预

程度，往往以政府公共财政支出的绝对值或公共财政支出占 GDP 比重来表示。

（三）公共支出结构

本书所探讨的公共支出结构是指按用途和功能分类各类公共支出的组合与配置比例。根据研究需要和数据的获得，我们在公共支出结构的选择上主要是经济建设支出、一般公共服务支出、科教文卫支出、社会保障支出、农林水事务支出等几大类。

（四）城乡居民收入差距

在城镇居民与农村居民的区别上，本书以户籍标准为依据，拥有非农户口的居民为城镇居民，拥有农业户口的居民为农村居民。根据此标准，城乡居民收入差距是指具有非农户籍的城镇居民与具有农业户籍的农村居民之间的收入差距。

二 城乡收入差距测度指标的选择

根据现有文献，对城乡收入差距的统计测度会因为收入分配理论的不同和研究目的不同而有所区别。尤其是在实证研究中，收入差距的测度指标比较多，不同的研究采用的指标有所差异。本书主要的研究目的是分析公共支出对城乡收入差距的影响，同时考虑到中国经济的二元结构特征，避免将城乡居民收入差距测度过于复杂化，我们主要选择城镇居民人均收入与农村居民人均收入的绝对差值、城镇居民人均收入与农村居民人均收入的比值、泰尔指数（Theil index）作为城乡收入差距的测度指标。

第五节 创新之处

（1）尝试从公共支出的视角下构造分析城乡收入差距的理论框架。以公共支出理论和收入分配理论等有关理论为基础，尝试在多个理论视角下构造较为全面的公共支出对城乡收入差距分析框架，为实证分析确定假设条件，并提供分析前提和研究铺垫，尝试拓展与丰富现有中国公共支出理论和收入分配理论的研究体系。

（2）运用时间序列和面板协整等建模方法构造公共支出对城乡收入差距影响的计量模型。利用中国数据和时间序列建模方法，分别实证分析公共支出规模和结构对城乡收入差距影响的传导途径和作用机制；利用国内前沿的面板协整计量方法分别实证分析地方公共支出规模和结构对省际城乡收入差距影响的传导途径和作用机制，是对现有公共支出和城乡收入差距关系实证研究的一次创新性探索。

（3）新的研究结论与政策建议。通过本书的实证分析发现了一些新的研究结论，其新的政策含义在于：恰当地通过对全国及地方公共支出规模和结构特别是一般公共服务支出、农林水事务支出、科教文卫支出、社会保障支出和经济建设支出等变量的调控以有效地调节我国城乡收入差距的扩大趋势。希望通过本书的研究能够为缩小我国城乡收入差距提供理论依据和实证支持。

第二章　相关理论及文献综述

　　城乡居民收入差距理论属于居民收入分配理论的范畴。因此，梳理公共支出对收入分配影响的理论不但有助于我们对这一认识的加深理解，并且希望通过对相关实证文献的综述，为本书的主要实证研究工作提供重要的基础性资料和研究路径与研究方法方面的启示。

第一节　相关理论

一　公共支出理论

　　公共支出理论是公共财政理论的一个重要组成部分。从古典经济学派到社会政策学派和新古典经济学派，再到凯恩斯学派和供给学派，学术界对公共支出理论的研究经历了一个不断发展的历程。本节内容是对主要的公共支出理论做一个简单的概括。①

　　（一）古典经济学派的财政支出理论

　　理论上最早涉及公共财政支出问题讨论与研究的是古典经济学派的财政支出理论。作为当代西方财政学说的理论渊源，古典学派的财政支出理论以亚当·斯密（1723—1790）和大卫·李嘉图（1772—1823）为主要代表，他们主张"看不见的手"的市场机制

---

　　① 这部分内容主要是对公共支出理论一个简单的归纳，主要参考毛程连（2003）的著作《西方财政思想史》。

发挥主要调节作用的自由主义经济思想、反对国家干预经济，认为国家经费几乎全部是非生产性的消费，政府的活动属于非生产性的、对创造物质财富没有任何作用，应当尽量压缩国家公共财政开支，国家的支出限定在国防费、公共事业和公共工程费方面。

（二）社会政策学派的财政支出理论

以阿道夫·瓦格纳（Adolf Wagner，1835—1917）为主要代表的社会政策学派则批评了亚当·斯密和李嘉图的国家经费非生产性观点，并反对自由主义经济政策，支持国家的干预经济政策。瓦格纳的主要观点认为现代工业的发展会引起居民对社会进步的要求，居民对社会进步的要求必然导致政府活动的增加，这种增加体现在公共支出的增加上，这是一种必然的趋势和客观规律，所以，发展中国家公共支出的增长趋势是公共支出在 GDP 中的比重将逐年增高，公共支出规模将不断扩大（这就是后来被得到普遍认可的"瓦格纳法则"）。因此，该学派极力主张财政的社会政策作用，认为国家政府对经济活动不仅具有积极的干预、调控作用，并且能够通过国家政府的干预和调控解决收入分配不公的社会问题。但是马斯格雷夫对待瓦格纳法则采取了极其审慎的态度，认为"总资本形成中的公共份额在经济发展的早期阶段相对较高，随后不太会有可预见的波动，转移（包括对低收入导向的有益产品上的支出）的比率往往会随收入的上升而下降，公共消费对私人消费的比率会随着收入的上升而上升，直觉并没有告诉我们这三种趋势是如何复合到总公共支出占 GDP 比率的变化中的"。

（三）新古典经济学派的财政支出理论

英国经济学家道尔顿（Hugh Dalton，1887—1962）在其 1922 年出版的《财政学原理》中认为过去财政理论偏重收入方面，而忽视经费方面的研究是不恰当的，道尔顿从研究国家经费问题入手，尤其重视财政支出理论研究，探讨了经费的生产性与非生产性问题，认为不能将公共支出均视为非生产性，而是以公共支出形成以后是否带来生产性的经济福利作为判断依据；同时，道尔顿的财政理论认为国家经费具有对生产、分配以及其他方面的作用。该学派的另一位代表人物是被尊称为"福利经济学之父"的英国经济学家庇古（Arthur Cecil Pigou，1877—1959），庇古虽然对政府的财政支出持肯定的观点，但认为政府并不具有决定适当的公共财政支出规模的自动功能，而且提出国家公共财政支出和公共财政收入应遵循的一些配置原则；此外，庇古还运用外部效应概念区分社会净产品和私人净产品，为政府公共产品提供确立了一个明确的理论标准。

（四）凯恩斯学派的财政支出理论

凯恩斯学派及其理论体系一直是西方国家政府干预、调控经济和推行扩张性公共财政政策的重要理论依据和基础。凯恩斯学派代表人物凯恩斯（1883—1948）认为，市场经济并不总是能够通过"看不见的手"来调节而自动保持均衡，20世纪30年代严重的资本主义经济危机表明了总供给与总需求不能保持平衡，而有效需求不足是经济危机的主要原因，为此，扩大社会总需求是国家干预经济的主要内容。在干预手段的选择上，凯恩斯及后来形成的凯恩斯学派认为财政收入、财政支出和赤字预算政策等政府财政干预方式的作用是最直接和最有力的，尤其是特别主张通过举债支出以弥补赤字的财政政策，扩大政府开支和实行减税，达到扩大社会有效需求的目的，从而应对经济衰退。

美国经济学家汉森（Alvin Harvey Hansen，1887—1975）在对凯恩斯理论加以继承和发展的基础上提出了"长期停滞理论"。根据该理论汉森将财政支出分为创造效用支出、创造效率支出和创造所得支出这三种支出，认为恰当地利用公共财政支出政策能有效地控制经济"停滞"，可以实现所谓"充分就业和经济稳定"的目标。汉森主张，在经济萧条时期政府应该扩大公共工程投资、增加公共投资需求和其他公共财政支出，能够起到加速和扩大整个社会投资规模的作用，进而促进社会有效总需求的增加，既继承了凯恩斯的乘数原理，也发展了投资的加速原理。

（五）新古典综合学派的财政支出理论

以萨缪尔森（Paul A. Samuelson，1915—2009）为代表的新古典综合学派同样持反对自由放任、主张国家干预经济的观点，完全同意凯恩斯学派的"政府开支对产出有着和投资一样的影响，存在乘数原理和加速原理"的说法，但并不完全赞同凯恩斯学派的财政支出理论，萨缪尔森认为由于时滞等原因，权宜之计的财政支出计划结果达不到预期效果，政府的公共投资支出计划应根据经济现实情况进行长期规划。例如，萨缪尔森在公共财政支出政策上认为政府应扩大有益于社会的持久性的公共工程投资开支和增加对居民的福利开支，同时政府应直接投资或给予补助金支持基础理论和应用科学的研发，扩大教育和培训劳动力的公共开支。

（六）供给学派的财政支出理论

供给学派的主要代表人物有拉弗、温尼斯基、吉尔德、蒙德尔等，他们所持观点与凯恩斯主义财政政策是对立的。供给学派认为滞胀的原因是由于凯恩斯主义的需求管理政策，他们忽视了劳动、储蓄、投资、生产等供给因素。因此，必须摒弃凯恩斯主义的需求管理政策，大力推广注重供给管理的经济政策，才能解决滞胀问题。具体操作上供给学派主张通过降低累进所得税率，改革社会福利制度、减少社会福利支出，实现预算平衡的一种财政政策来促进供给的增长。

二　公共支出对居民收入分配影响的理论

根据马斯格雷夫的财政职能理论，宏观经济调控、资源配置和收入分配是财政的三大职能。政府可以选择进行收入分配和再分配的政策工具通常是公共税收、公共支出与公共管制三种。税收手段主要是通过征收个人所得税、消费税和财产税等来改善各阶层居民的收入分配不公的状态；公共支出则主要通过社会保障支出、公共教育支出、支农支出等转移性支出和购买性支出来调节居民的收入分配差距（闫坤和程瑜，2010）。但由于税收只是政府公平收入分配的政策工具之一，受制于政府效率和公平目标的权衡和取舍（王春雷，2002），因此税收政策工具在城乡收入差距的调节上有其本身的局限性。正如兰普曼（1992）发现的："税收工具对从富人向穷人的收入再分配作用不大，而政府公共财政支出在这方面所起的作用则要明显得多。"① 因此，公共支出政策一直是世界各国政府考虑用来调整社会收入分配的一项政策工具。因而，如何采用公共财政支出政策对失衡的社会收入分配进行调节，历来为西方经济学家所重视，逐步形成了以不同经济流派理论为基础的关于公共支出收入分配的理论，在不同的时期，不同的发展水平和不同的经济政治社会背景下，不同的学者从不同的角度对公共支出和收入分配关系的变化有不同的解释，形成了不同的公共支出收入分配的理论与观点。以下对庇古的收入转移理论、凯恩斯的普遍福利思想、米德的保证国民最低需要思想和贝弗里奇计划做一个简要的归纳。

（一）庇古的收入转移理论

庇古（Arthur Cecil Pigou，1877—1959）是英国著名的经济学家，剑桥学派的主要代表人物之一，其在《福利经济学》著作中，利用边际效用递减规律详细探讨了国民收入分配与经济福利之间的关系。庇古假设可以用货币金额来度量效用和社会福利，个人福利是可以计算和定量的，货币的边际效用是递减的，穷人的货币收入边际效用比富人的大，认为国家政府可以采取收入均等化的政策，把富人收入的一部分转移给穷人可以使社会经济福利增大，尤其是在"经济萧条、工会力量强大和舆论坚持要求等情形存在时，是十分必要的"。

庇古也认为，在富人向穷人转移收入的方式上有"自愿转移"和"强制转移"两种方式。自愿转移是指富人自愿拿出一部分收入举办娱乐、教育、科学文化、保健等福利事业；强制转移则主要是通过征收累进所得税和遗产税。虽然庇古认为"自愿转移"比"强

---

① 参见兰普曼（Lampman，1992）为《新帕尔格雷夫经济学大辞典》所做的词条 "transfer payments" 的解释。伊特韦尔、米尔盖特、纽曼：《新帕尔格雷夫经济学大辞典》（中译本），经济科学出版社1992年版。

制转移"好，但他也意识到收入的自愿转移数量往往小于社会所需要的收入转移数量，因此需要国家政府实行强制性转移。

同时，庇古认为在由富人收入向穷人转移的方法途径上，既可以通过提供一系列社会保障与社会服务基础设施来进行直接转移，比如，养老金、失业补助、免费教育、医疗保险等；也可以通过间接转移的方法，比如补贴生产穷人最迫切需要的食品的生产部门和生产单位，以间接促使这些生产部门和生产企业降低这些食品的销售价格，使穷人受益。庇古同时也强调，无论采纳直接转移还是间接转移方法，应防止无效率的转移，投资于福利事业收益应大于市场的投资收益，使投资在福利事业的结果能给社会带来更大福利收益。

（二）凯恩斯的普遍福利思想

凯恩斯将资本主义经济危机的病因概括为"有效需求不足"，包括消费不足和投资需求不足，认为社会有效需求不足的出现主要是因为收入分配不公。他的"国家干预理论"认为，如果政府不加干预和调控，有效需求不足的问题将会继续存在，这就意味着失业与经济危机的问题得不到解决。所以凯恩斯认为要进行"有效需求管理"弥补私人有效需求不足、摆脱经济危机实现充分就业均衡，可以通过对收入分配不公问题的解决来实现。凯恩斯认为收入分配不公问题的解决方法主要有三种：第一，提高富人的个人所得税税率；第二，消灭食利者阶层；第三，通过国家立法提高社会福利，提高工资标准，采取普遍福利的政策。在第三种方法中，通过国家立法提高社会福利则意味着政府财政支出的扩大（甚至在大多数情况下必须通过赤字财政政策来实现），公共财政支出的扩大直接就可以扩大社会有效需求，从而弥补自由市场的有效需求不足。

（三）米德的保证国民最低需要思想

英国著名经济学家、诺贝尔经济学奖获得者米德（James Edward Meade，1907—1995）认为，国家主要通过"提供免费的教育服务"和"扩大社会福利以保证国民最低生活需要"两种途径来提供公共产品调节收入分配差距。米德认为，提高社会居民的受教育程度，降低因为教育而需要花费的成本会间接地有助于社会财富的分配；同时教育是居民获得收入能力的一项重要的投资，政府利用税收收入资助的公立教育，基本上体现了向穷人子女的教育投资，是有利于公平的，可间接地对财产的分配产生深远影响。而通过包括失业者、老人和病人保险等国民保险的扩大和改进，以及加上婴儿津贴发放等社会福利的增加是可以保证居民最低生活需要，降低社会收入分配不公的程度（曹立瀛，1995）。

（四）贝弗里奇计划

威廉·贝弗里奇（William Beveridge，1879—1963）是福利国家的主要理论建构者，毕生致力于消除贫困的事业。贝弗里奇认为，社会贫困问题是阻碍英国社会进步的最大障碍，必须首先将其消除。1941年，英国成立社会保障和联合事业部际委员会，着手制订战后社会保障计划，贝弗里奇受英国战后重建委员会主席阿瑟·格林伍德先生委托，出任该委员会主席，负责对当时的国家社会保险方案及相关服务进行调查，并就战后重建社会保障计划进行构思设计，提出具体方案和建议。在结合英国社会保障制度发展的历史和自身的工作实践经历的基础上，贝弗里奇设计了问卷进行调查并征求多方的意见及建议，以及借鉴其他国家的成功经验，并于1942年提交了题为《社会保险及有关服务》（*Social Insurance and Allied Service*）的报告，也称《贝弗里奇计划》。该报告提出的"未来社会保障发展计划包括覆盖全社会的失业保险金、残疾保险金和退休金等社会保险"，也提出应该"为特殊人群如孕妇、遗孀及孤儿等提供补贴"，并在此基础上主张建设一个"福利国家"。贝弗里奇在涉及社会保障的预算上，提出了由国家财政支出、雇主、参保人三方共同缴费的方案，且就各方应承担的比例做了具体划分，明确了社会保障必须由国家和个人共同承担责任，通过国家和个人共同的合作来实现；同时，确定国家财政支出提供福利的原则是基于国家利益而不是某些阶层或群体的局部利益，明确把社会保险作为提供收入保障、消除贫困、弥补社会收入分配不公和减少收入分配差距的一项基本社会政策。

三 相关理论述评

国外学术界对公共支出理论的研究经历了一个不断发展的历程，公共支出理论从古典经济学派财政支出理论到社会政策学派的财政支出理论和新古典经济学派的财政支出理论，再到凯恩斯学派的财政支出理论和供给学派的财政支出理论，构成了公共财政理论的一个重要组成部分；在公共支出对收入分配影响的理论上，主要包括庇古的收入转移理论、凯恩斯的普遍福利思想、米德的保证国民最低需要思想和贝弗里奇计划等理论。上述理论的发展为许多国家，尤其是西方市场经济国家的公共支出政策制定和实施提供了理论指导。

第二节 国内外实证研究现状及述评

关于公共支出对收入差距的影响，国内外学者已经进行了大量的理论分析和实证检验，对公共支出影响收入差距的机制和作用做了充分阐述。但由于理论模型、研究方法以及样本选取的差异，研究结论却具有很大的不一致性，甚至出现相反的观点。本节在对相关领域研究文献广泛收集查阅的基础上，较为系统地归纳和梳理了有关公共支出与收入差距的主要学术观点和研究成果，明确该领域的主要研究现状、争论的焦点以及存在的突出问题，并结合自身的理解和认识进行了简要的评述和分析。

一 国外文献回顾

在国外关于财政收入分配的主要思想理论上，从庇古的收入转移理论和凯恩斯的普遍福利思想，到布坎南的收入分配不公矫正理论，再到哈耶克的累进税制与比例税制协调运用理论和弗里德曼的负所得税论，以及米德的收入再分配理论和贝弗里奇计划等，都已对公共财政调节收入分配差距的机制和作用做了充分理论阐述，不少国家和地区经济发展的事实也表明，通过公共支出的扩大可以减轻收入分配上的不公平程度。

但是，实证研究的结论却具有很大的不一致性。一些学者的实证研究发现公共支出有利于收入差距的缩小。Fan 等（1999）通过联立方程模型的构建，实证检验 1970—1993 年印度政府不同类型的公共支出对减少农村贫困和生产率的影响，虽然发现不同类型的政府公共支出对农村贫困和提高农业生产率的影响是有明显差别的，但整体而言，政府在道路和科研的投资支出、教育投资支出和农村灌溉投资支出有助于农村的贫困减少和农业生产率的提高；还有Fan 等（2002）、Oktaviani 等（2004）、Laabas 和 Limam（2004）、Stefano 等（2005）等学者的实证研究均表明，公共支出有利于缩小收入差距。

而也有学者的实证研究发现公共支出扩大了收入差距。比如，Squire（1993）、Sanjeev 等（1997）、Lloyd‒Sherlock（2000）、Williamson 和 Canagarajah（2003）、Killick（2004）、Harun 等（2008）等学者的实证研究却发现公共支出扩大了收入差距。

二　国内文献回顾

中国发展过程中城乡收入不平等问题吸引了大量学者对此展开研究，从研究视角上看，学者们对该问题的研究主要集中在城乡收入差距的测度和城乡收入差距扩大的原因及影响因素上。

（一）城乡居民收入差距测度

在有关城乡居民收入差距问题的研究上，国内早期的实证研究主要集中在对城乡居民收入差距的测度上。比如陈宗胜（1991）在利用部分东欧国家和中国的数据资料来验证其提出的"公有制经济发展中的收入差别倒'U'形假说"时则采用了人均全部收入比、人均生活费收入比、人均消费水平比等指标来度量收入差距。蔡昉和杨涛（2000）在其研究中分别采用了城乡人均消费支出指标和城乡人均收入指标来比较城乡收入差距的变化趋势，对改革开放前后中国城乡不平等的程度进行了详细描述，对造成这种不平等的制度和政策进行考察，并利用中国经验对现存两种城市偏向形成假说的解释力作出评价。

一般而言，对中国城乡收入差距的测度主要采用城乡居民人均收入比率这一指标（周端明和蔡敏，2008）。代表性学者如陈宗胜（1991）、李实等（1998）、蔡继明（1998）、赵人伟等（1999）、蔡昉（2003）等。Kanbur 等（1999）则利用 GE 指数分解法展开研究，研究结论发现 1983—1995 年中国城乡收入差距虽然对总收入差距的贡献降低了，但是到 1995 年，城乡收入差距仍然贡献了总收入差距的 70.65%。Kahn 和 Riskin（2001）利用基尼系数分解法展开讨论，研究结论发现中国城乡基尼系数不但高于城市基尼系数，而且也高于农村基尼系数，从而说明城乡收入差距在总收入差距中起决定性的作用。Lin 等（2002）利用泰尔指数分解法来衡量农村内部、城镇内部和城乡之间的人均收入差距，并分析三者对总体地区收入差距变化所起的作用，发现城乡之间收入差距对总体收入差距的影响是最大的，始终保持在 50% 左右。王少平和欧阳志刚（2008）认为，采纳泰尔指数来度量和刻画我国城乡居民收入差距，更能反映我国的城乡二元结构经济现实及其变化特征。周晓津（2012）认为，在社会主义市场经济框架下，随着劳动力全国范围内的自由流动，无论是理论模型及其推论还是实证检验结果，都表明我国城乡收入差距并非扩大而是逐步缩小。

（二）城乡收入差距扩大的成因

随着中国城乡收入差距的不断扩大，学者对国内城乡收入差距扩大的成因展开了大量的研究。从现有相关文献来看，主要是从城乡劳动力市场、国家经济发展、金融发展等视角来探讨城乡收入差距扩大的原因。

1. 劳动力市场视角下的城乡收入差距问题

如李实和赵人伟（1999）、李实（1999）实证研究得出农村劳动力流动对城乡收入差距有积极影响的结论；蔡昉和杨涛（2000）、蔡昉（2003）的实证研究则特别强调了我国重工业优先发展战略下城乡劳动力市场扭曲对城乡收入差距的影响；Hertel 等（2004）认为，城乡劳动力市场和土地市场的扭曲，均是中国城乡收入差距扩大的重要原因；郭剑雄（2005）实证研究了人力资本与生育率以及两者的相互关系对中国城乡收入差距的影响，研究结论发现相对于城市区域而言，农村地区的高生育率和低人力资本积累率所导致的马尔萨斯稳态，是农民收入增长困难的根本原因；而城市部门已进入低生育率、高人力资本存量和高人力资本积累率共同推动的持续增长均衡阶段；作者最后认为，提高农村居民的人力资本水平和降低农村生育率，以及城乡教育结构调整应是城乡收入差距调节的首选政策。杨新铭和周云波（2008）的实证研究认为，1995 年以后我国技术进步逐渐向城镇低人力资本倾斜，这对收入差距缩小有明显作用；但农村技术进步与人力资本水平不匹配，导致农村技术进步对缩小城乡收入差距的影响作用并不显著，因此，要缩小城乡居民之间的收入差距，应该把发展技术进步和加大农村人力资本投资相结合，使人力资本与技术进步相互匹配。蔡昉和王美艳（2009）通过对劳动力流动政策改革的回顾，认为农村和城市劳动力流动没有起到缩小城乡收入差距的作用；同时，作者认为"城乡收入差距不断扩大"的观点逻辑上不客观，并利用 2005 年 1% 人口抽样调查数据进行计算，认为涵盖全部流动劳动力及其家庭的收入，城乡差距并非像观察到的那么大。朱长存和马敬芝（2009）从广义人力资本外溢性的视角考察城乡收入差距不断扩大的现象，认为政府对城乡公共投资的不平衡、农村人力资本的单向外流、城市劳动力市场对农村劳动力的歧视以及农村人力资本在城市没有获得相对应报酬，是城乡收入差距扩大的主要原因，并从实证研究上得到验证；最后作者认为要缩小城乡收入差距，必须采取措施减少农村劳动力转移过程中的人力资本外溢性。熊婕和腾洋洋（2010）实证检验 1985—2008 年我国不同学历的劳动力流动对城乡收入差距的影响，结果显示有高中文化程度的劳动力对城乡差距缩小有显著的正面作用，但由于此群体在流动人口中所占比例小，并没有充分发挥人力资本对农村的外溢效应。邹红和喻开志（2011）通过建立一个包含人力资本人口分组的新古典经济增长模型分析了劳动收入份额、收入差距与总消费三者之间的关系，对1990—2008 年的省际面板数据实证检验发现，劳动收入份额和城乡收入差距是居民消费增长缓慢最根本的原因；城市化水平、消费习惯形成和人口年龄结构对居民消费率也有重要的潜在影响；提高劳动要素份额具有缩小城乡收入差距的效应。张义博和刘文忻（2012）尝试将人口流动因素和财政因素综合纳入城乡收入差距的研究之中，运用1996—2006 年的省际宏观面板数据和1995 年、2002 年的中国家庭收入调查（CHIP）微观数据，实证研究发现，城市化和更多的农村劳动力进入城镇单位工作对城乡收入差距影响不显著；政府在科教文卫和转移性支出方面具有明显的城市倾向；政府对经济参与程度的提高和国有单位就业比重的增加均会拉大城乡收入差距。陈萍和李平（2012）通过对中国1978—2008 年省际面板数据的回归分析发现，劳动力市场的所有制分割本身具有扩大城乡收入差距的效应，但是，非国有部门职工比重的增加会削弱所有制分割的影响，从而有助于缩小城乡收入差距。

2. 国家经济发展视角下的城乡收入差距问题

林毅夫等（2003）实证发现经济发展战略显著地影响城乡收入差距；同样，中国的经济增长模式也是导致城乡差别的主要原因（Ravallion et al.，2004）。邓伟和向东进（2011）对 1999—2008 年间省际面板数据实证分析发现，银行信贷的扭曲和对国有经济的倾向是扩大城乡居民收入差距的主要因素，因为国有经济可以获得政府的特殊照顾和优待，从而导致了资源配置的扭曲，阻碍了非国有经济的发展和农村剩余劳动力的转移。

黄智淋和赖小琼（2011）运用面板数据门槛模型对我国 31 个省市区 1979—2009 年的面板数据进行检验，发现我国的通货膨胀率、预期到的通货膨胀率和未预期到的通货膨胀率对城乡收入差距的影响都不存在门槛效应的基础上，采用面板数据可行广义最小二乘法进行估计，结果发现国内通货膨胀率和未预期到的通货膨胀率均对城乡收入差距呈现扩大效应且是稳健的，但扩大的程度因所用数据的时间长短而异；而预期到的通货膨胀率影响城乡收入差距系数的符号和大小都因数据的时间长短而变化。

3. 金融发展视角下的城乡收入差距问题

姚耀军（2005）、章奇等（2006）和张立军（2006）则从金融发展视角实证研究金融发展规模和效率、信贷规模、金融发展门槛效应及非均衡效应等对城乡收入差距的影响。大多已有的实证分析普遍认为金融发展有利于经济增长并缩小城乡收入差距。尹希果等（2007）的实证研究则发现，从长期来看，无论是东部地区还是西部地区，金融发展与城乡收入差距之间并不存在长期均衡关系；但西部金融发展短期内显著地构成了城乡收入差距扩大的 Granger 原因，而东部地区却并不显著。唐礼智等（2008）从全国和东部、中部、西部两个层面，以金融发展为视角，实证分析了 1987—2006 年我国金融发展与城乡收入差距的关系。研究结论显示各地区金融发展规模和效率决定着金融发展与城乡收入差距间的关系：全国和东部地区金融发展规模与城乡收入差距之间服从库兹涅茨倒 "U" 形曲线条件，金融发展效率与城乡收入差距不存在类似的关系；中部、西部地区金融发展规模和效率与城乡收入差距间的倒 "U" 形关系均不成立。马草原（2009）采用 1952—2007 年的时间序列数据实证研究了中国城市化进程中城乡金融差距和居民收入差距之间的关系，结果显示：中国城乡金融差距与居民收入差距具有明显的双向正效应，而城市化将会缩小城乡差距的理论及其经验与中国经济发展的事实并不相符。乔海曙和陈力（2009）采用中国县域金融截面数据，从金融集聚理论的视角实证分析了金融发展对城乡收入差距的影响，研究结论显示，金融深度分位数小于 20% 的地区，城乡收入差距显著扩大；金融深度分位数为 20%—70% 的地区，两者相关性不显著；而金融深度分位数大于 70% 的地区，城乡收入差距显著缩小，进一步论证了金融发展和收入不平等之间存在的"倒U"形的非线性关系；据此，作者认为要缩小城乡收入差距，应在金融发展深度不同的东部、中部、西部地区实施不同的金融支持策略。胡宗义和刘亦文（2010）同样采用中国县际截面数据，运用非参数检验方法对金融发展影响城乡收入差距的效应进行了实证研究。结论显示，在金融发展的初级阶段，金融深度较高的地区，城乡收入差距反而更大；在金融发展的中期阶段，金融深度水平对城乡收入差距程度影响不显著；在金融发展的高级阶段，金融深度的提高能逐步缩小城乡居民收入差距，在空间上城乡收入不平等呈逐步收敛态势。叶志强等（2011）利用中国1978—2006年各省的面板数据予以检验，实证结果发现金融发展显著地扩大了城乡收入差距，并和农村居民收入增长呈显著负相关关系，对城市居民收入增长和经济增长却不存在显著的作用。王征和鲁钊阳（2011）在分析农村金融发展影响城乡收入差距机理的基础上，利用我国1993—2009年的省际单位面板数据，采用动态计量方法实证分析了农村金融发展对城乡收入差距的影响，结论显示农村金融发展的规模、结构和效率与城乡收入差距呈正相关关系，农村金融的发展扩大了城乡居民收入差距。王修华和邱兆祥（2011）运用1978—2008年的时间序列数据，实证研究了中国农村金融发展与城乡收入差距之间的关系，结论显示农村金融规模的扩大在一定程度上拉大了城乡收入差距，而农村金融效率的提高有助于缩小城乡收入差距，因此，作者认为创建普惠性金融体系、发展具有包容性的农村金融机构等是促进农村金融发展和缩小城乡收入差距的有效途径。冉光和和鲁钊阳（2011）通过构建面板门槛模型，对我国29个省级单位1993—2009年的面板数据进行实证研究，发现FDI对城乡收入差距的影响显著地存在基于金融发展的"双门槛效应"，东部沿海省份金融发展水平高，吸收FDI数量大，城乡收入差距相对较小，西部地区则正好相反，而中部介于东部和西部之间。丁志国等（2011）对1985—2009年各省的数据实证分析发现，我国的城乡收入差距存在明显的库兹涅茨效应，即随着经济的增长，呈现出先扩大再缩小的趋势，印证了我国过去属于"先增长，后分配"的经济发展模式；而在实证检验农村金融政策对城乡收入差距的影响效果上，结果发现并非所有的政策手段都能够达到预期效果，甚至还有一些政策的结果事与愿违。据此，作者认为，在发展农村金融，改善城乡收入差距的政策选择方面，必须审时度势和因地制宜，才能够达到事半功倍的效果。

4. 对外开放视角下的城乡收入差距问题

对外开放视角下的城乡收入差距问题研究上，国内学者通常探讨对外贸易（包括进出口）、外国直接投资和国际外包对城乡居民收入分配的影响问题。较为典型的研究有：顾磊（2009）实证研究了国际外包对我国城乡收入差距的经济效应，结论显示在当前城乡人力资本水平存在明显差异的条件下，收入差距与中间品贸易存在长期稳定的均衡关系，而中间品贸易进口和贸易结构的升级则是导致差距扩大的重要原因，因此，解决城乡收入差距问题的长期矛盾在于如何缩小城乡人力资本水平的差异。刘渝琳等（2010）基于1992—2007年省际面板数据，实证检验FDI对城乡收入差距的影响，估计结果显示：FDI的流入能够抑制城乡收入差距的扩大趋势，同时也是缩小城乡收入差距的内生变量。夏冠军（2010）采用结构向量自回归（SVAR）计量方法，实证估计了实际汇率、贸易开放对城乡收入差距的动态影响。实证结果发现实际汇率升值和贸易自由化都会扩大城乡收入差距；贸易开放度冲击对收入差距的影响呈"W"形，累积影响持续加剧了城乡收入差距；实际汇率对收入差距的影响呈"M"形。袁冬梅等（2011）从新经济地理理论及扩展的H—O理论的角度出发，实证检验了贸易商品结构变化影响城乡收入差距的相关假说，实证结果发现，无论从全国范围还是分地区来看，贸易开放度的扩大和制成品贸易比重的上升均有利于缩小城乡收入差距；当前劳务市场不完善导致的劳动力不充分流动、各省份海外市场接近度的差异不利于城乡收入差距的缩小。因此，作者认为要缩小城乡收入差距，应在进一步扩大对外开放的基础上，促进劳动力和资本等要素跨区域充分流动，优化各地区的产业结构和贸易商品结构。魏浩和赵春明（2012）的实证研究也表明对外贸易是影响我国城乡收入差距的重要因素，主要是通过就业数量与质量两种效应的综合途径影响国内城乡收入差距，不同的是，对外贸易的就业数量扩大效应有利于缩小城乡收入差距，就业质量偏向效应则扩大了城乡收入差距。盛斌和魏方（2012）利用1998—2010年中国29个省市区的面板数据实证分析了外国直接投资对中国城乡收入差距的影响，结果表明 FDI 在整体上有助于抑制城乡收入差距的扩大，这种效应在东部沿海地区尤为明显；此外，FDI 通过改善农村劳动力的就业结构提高其工资性收入，有利于城乡收入差距的缩小。一方面，FDI 的流入会通过贸易效应有利于缩小依赖加工贸易发展的东部地区的城乡收入差距；另一方面，FDI 通过人力资本效应的非均衡性扩大了城乡收入的不平等。

5. 城镇化视角下的城乡收入差距问题

不少学者从城镇化建设与进程的视角解释城乡收入差距的问题，但研究结论存在争议。一种观点认为，城镇化进程导致城乡收入差距扩大。最为典型的是，陆铭和陈钊（2004）实证估计了1987—2001年省际面板数据，发现城市化对降低统计上的城乡收入差距有显著的作用；而地区经济开放、地区间人口户籍转换、非国有化和政府部门对经济活动的参与都是扩大城乡收入差距的主要因素；地方政府实施的带有明显城市倾向的经济政策是中国持续扩大的城乡收入差距的主要因素。程开明和李金昌（2007）利用1978—2004年的时序数据，对城市偏向、城市化与城乡收入差距三者之间的动态关系进行计量分析，结果显示，城市化与城市偏向是造成城乡收入差距扩大的原因，对城乡差距扩大产生正向冲击；城乡收入差距是城市化水平上升的原因，对城市化产生负向冲击；城乡收入差距不构成城市偏向的原因。许秀川和王钊（2008）采用 2SLS 和 3SLS 计量方法实证研究了中国城市化、工业化与城乡收入差距之间的互动关系，研究结论显示，城市化和劳动力的非农转移与城乡收入差距呈良性循环的互动关系，工业化发展与城乡收入差距呈恶性循环关系。丁志国等（2011）采用空间面板计量模型（Spatial Panel Model），实证估计了2000—2009年我国省际面板数据本地城市化进程对城乡收入差距的直接影响，以及相邻地区城市化进程对本地城乡收入差距的空间溢出效应。实证结果发现，我国城市化进程对城乡收入差距的影响是积极影响和消极影响并存，取决于城市化进程的不同政策路径选择；省际间的城市化进程存在空间溢出效应，即本地的城乡收入差距也会受到邻近省份城市化进程的显著影响。安虎森等（2011）通过构建空间均衡模型来考察城市高房价和户籍制度对城乡收入差距的影响，其研究结果表明：除了提高农产品价格以及农民工的工资水平外，提高城乡市场开放度也可以缩小城乡收入差距；当城乡市场开放度比较低时，城市高房价促进了城乡收入差距的扩大；而当城乡市场开放度比较高时，城市高房价能够有效缩小城乡收入差距；在城乡市场开放度比较低时，户籍制度抑制了城乡收入差距的扩大；当城乡市场开放度高于某个"临界值"时，户籍制度促进了城乡收入差距的扩大。周世军和周勤（2011）通过构建城乡收入差距两部门测度模型的实证研究发现，长期以来中国城市偏向的城镇化政策导致了21世纪以来中国城乡收入差距的明显扩大，从侧面反映出政策偏向的弊端凸显。李尚蒲和罗必良（2012）的实证研究同样发现现阶段以偏重大中城市为主要特征的城镇化进程建设模式，扩大了城乡收入差距。

　　另一种观点认为，城镇化有利于缩小城乡收入差距。曹裕等（2010）实证研究了1987—2006年我国城市化水平、城乡收入差距与经济增长的长期关系，发现城市化进程对缩小城乡收入差距有显著的作用，但区域间有显著差异，作者认为，在加快城市化进程中做好户籍制度改革、在收入分配问题上考虑区域差异因素，有利于从根本上缩小城乡收入差距。程开明（2011）对286个地级以上城市2008年的截面数据和2003—2008年面板数据的实证分析发现，总体上中心城市规模越大，区域城乡收入差距越小，城乡收入差距随城市规模变动呈现出"U"形特征；中心城市的分散型结构对区域城乡收入差距有显著的缩小作用，城市经济发展水平越高，越有利于城乡收入差距缩小；不同规模等级的城市规模对城乡收入差距的影响效应存在较大差异。

6. 综合因素视角下的城乡收入差距问题

也有不少学者将多种影响因素或变量综合到计量模型中实证研究对城乡收入差距的影响，较为典型的有：段景辉和陈建宝（2011）利用1987—2008年我国的相关统计数据构建了非参数面板数据模型，采用非参数逐点回归估计方法，估计了我国的教育投入、教育产出、城市化水平、经济开放度、产业结构和政府经济行为等变量对城乡收入差距的影响，刻画了各影响因素关于自变量系数的动态演进趋势。研究表明：各影响因素关于自变量系数的逐点估计结果共有四种类型：倒"U"形、"U"形、"上升型"和"下降型"；各影响因素对缩小城乡收入差距都有积极的作用，但在不同时期所起的作用不同。田新民等（2009）的实证研究认为城乡收入差距扩大的决定因素较多，并不单纯是由城市工业化速度单一因素来决定的，城乡间收入差距也并不一定是呈现出倒"U"形的趋势，城乡收入差距的大小还决定于农村剩余劳动力向城市部门迁移的壁垒，以及城市部门努力提高其人口承载力所进行的公共建设投资的大小。林光彬（2004）认为，收入分配的公平主要依赖于政治和社会安排，在其实证分析得出的结果中，发现中国城乡收入差距扩大的发生机制与根本原因是社会等级秩序格局、失衡的财富与收入分配格局、资源的流动性障碍格局与市场等级化格局等一系列社会安排的相互作用，在计划机制与市场机制双重的游戏规则下，形成了一种"收入差距不断扩大的自我强化机制"。据此，作者认为实现城乡等级法权地位平等化、收入分配格局平衡化、农村资源充分流动化与市场一体化是实现城乡统筹发展、缩小城乡居民收入差距的根本性措施。许海平和王岳龙（2010）采用空间计量方法研究我国 29 个省市区 1991—2008 年城乡收入差距与全要素生产率之间的关系，发现全要素生产率的提高、人力资本水平、外商直接投资、对外贸易程度、城镇化水平均导致城乡收入差距扩大；而就业人员比重有延缓城乡收入差距扩大的显著作用。

（三）公共支出对城乡收入差距的影响

而有关公共支出对城乡收入差距影响的研究较为薄弱，研究结论存在差异，如寇铁军等（2002）实证研究发现公共教育和医疗卫生支出给低收入群体带来较大的收入效应；而陶然等（2007）实证分析却发现地方政府财政支出并非有利于城乡差距缩小。沈坤荣和张璟（2007）采用多变量回归和 Granger 因果检验方法，运用1978—2004 年的数据，对农村公共支出、农民收入增长以及城乡收入差距之间的关系进行实证研究。结果显示，农村公共支出对农民收入增长起到了一定的促进作用，但统计意义上并不十分显著；从支出结构来看，由于支出结构的不合理，农业科研和社会福利等方面的支出过低，以及政府重视程度不够和目标偏差，使政府公共支出在降低城乡收入差距上的作用并不够显著，从而限制了政府增进社会福利功能的发挥，进而不利于公平增长的实现。陈斌开等（2010）则实证研究了政府教育投入对城乡收入差距的影响及其作用机制；作者主要基于 2002 年 CHIP 数据，通过 Oaxaca - Blinder 分解发现，公共教育水平差异是中国城乡收入差距最重要的影响因素，其贡献程度将近 35%；同时作者通过构建一个包括厂商、消费者、政府和教育部门的理论模型，发现城市偏向的教育经费投入政策是城乡教育水平、城乡收入差距扩大的重要决定因素。刘渝琳和陈玲（2012）实证分析了公共教育和社会保障对城乡收入差距的影响。结果显示：公共教育支出和社会保障制度并没很好地发挥其收入再分配的功能，也没有起到调节和缩小城乡收入差距的作用，反而形成了"逆向调节"的负效应，扩大了城乡收入差距。陈安平和杜金沛（2010）实证分析了我国财政支出对城乡收入差距的影响，认为城乡收入差距的有效缩小取决于地方政府在追求本地 GDP

高速增长的政绩最大化条件下，利用自身财政自主权所选择的不同支出结构——在财政分权的背景下，即使财政投入总量增加了，城乡收入差距也未必会缩小，只有倾向于农业投入以及科教文卫支出增加的政府财政支出结构才能有效缩小城乡收入差距。陈工和洪礼阳（2012）实证检验了中国式财政分权对城乡收入差距的影响效应，结果显示，财政分权程度越高，政府的生产性支出和公共产品支出越偏向于城市部门，越容易引起城乡收入差距扩大；加入财政分权的上述影响作为控制变量之后，分权本身和城乡收入差距呈现负相关关系。雷根强和蔡翔（2012）基于中国的省际面板数据，采用差分广义矩及系统广义矩的估计方法实证检验了初次分配扭曲、城市偏向的财政再分配政策对城乡收入差距的影响，结果显示初次分配中劳动报酬比重的下降、城市偏向的财政再分配政策是导致我国城乡收入差距扩大的重要原因，作者认为应该通过提高初次分配中劳动者报酬比重，扭转科教文卫、福利保障支出的城市偏向来缩小城乡收入差距。

三　国内外有关实证文献的述评

综观国内外有关城乡居民收入差距的实证研究文献，学者们从不同侧面对城乡收入差距变动的影响因素进行了深入研究，现有的研究成果主要集中在以下几个方面：（1）劳动力市场与城乡收入差距的关系；（2）国家经济发展与城乡收入差距的关系；（3）金融发展与城乡收入差距的关系；（4）对外开放与城乡收入差距的关系；（5）城镇化与城乡收入差距的关系。

上述研究成果为本书的研究提供了大量的文献和坚实的研究基础，无疑对本书研究具有重要的参考价值，为本书的研究提供了许多重要的基础性资料和研究路径与研究方法方面的启示。按照现代西方财政理论，公共财政作为市场经济下政府干预和调控经济，尤其是调节收入分配的重要政策工具，在国家市场经济的调控中起到举足轻重的作用，国外许多学者对此展开了研究并取得几乎一致的结论。但是目前国内学术界有关公共支出与城乡收入差距关系方面的研究成果并不多，现有的相关研究虽然取得了一定的成果，但是还存在一些不尽如人意之处，还有一些方面有待进一步研究，主要体现在以下几个方面：一是理论上的研究比较薄弱，大多停留在基本原理和简单的定性分析上；二是缺乏完善的系统性，大多只研究某一类型的公共支出对城乡收入差距的影响，而关于从公共支出视角探讨公共支出规模及其结构对城乡收入差距的影响尚缺乏系统研究；三是从已有的理论和实证研究的结果来看，学术界一直存在不同的认识和看法。

在理论和实践上存在的这些需要解决的种种问题，诱使笔者将在借鉴前人理论和实证研究成果的基础上，尝试从理论和实证的层面全面而系统地分析公共支出规模及结构对城乡居民收入差距的影响，给出自己的分析和结论。本书希望一方面可以为这一领域的研究提供一种新的思路，为国内经济学界在这一领域的研究提供一定的借鉴；另一方面可以为政府对城乡居民收入差距的调整提供一定的政策建议。

第三节　本章小结

本章对公共支出理论及公共支出对收入分配影响理论进行了简要的回顾和评析，发现国外学术界对公共支出理论的研究经历了一个不断发展的历程，从古典学派财政支出理论到社会政策学派的财政支出理论和新古典经济学派的财政支出理论，再到凯恩斯学派的财政支出理论和供给学派的财政支出理论，构成了公共财政理论的一个重要组成部分；在公共支出对收入分配影响的理论上，主要包括庇古的收入转移理论、凯恩斯的普遍福利思想、米德的保证国民最低需要思想和贝弗里奇计划等理论。对城乡收入差距变动影响因素的实证研究主要集中在以下几个方面：（1）劳动力市场与城乡收入差距的关系；（2）国家经济发展与城乡收入差距的关系；（3）金融发展与城乡收入差距的关系；（4）对外开放与城乡收入差距的关系；（5）城镇化与城乡收入差距的关系。而有关国内公共支出规模和结构对城乡收入差距影响问题的研究则比较薄弱、系统性不强。因此，诱使我们从公共支出的视角系统地探讨城乡收入差距问题。

第三章 公共支出对城乡收入差距影响的传导机制

　　政府公共支出主要通过规模和结构对宏观经济运行产生影响。政府公共支出规模分为绝对规模和相对规模（相对规模的衡量通常以政府财政支出占 GDP 的比例来表示）。根据国家财政部和统计局，2007 年前财政支出结构分为按用途和按功能性质划分的支出结构，2007 年后主要以按支出用途划分，包括一般公共服务、外交、国防、公共安全、教育、科学技术、文化体育与传媒、社会保障和就业、医疗卫生、环境保护、城乡社区事务、农林水事务、交通运输、工业商业金融等事务和其他支出 15 类。同时，公共财政支出也根据政府在经济和社会活动中的不同职权，划分为中央公共财政支出和地方公共财政支出。由于影响居民收入分配的渠道众多，公共支出及其结构影响城乡居民收入差距的作用机制也呈现多样性特征。根据本书的研究框架和研究目的，在公共支出结构上我们选择一般公共服务支出（2006 年之前财政部统计的是行政管理支出）、科教文卫支出、社会保障和就业、经济建设费支出和农林水事务等支出项目进行结构特征的分析。为了更确切地分析公共支出对城乡收入差距影响的传导机制，遵循公共支出对国民经济影响的理论依据和结合中国的经济现实特征，本章从规模和结构两个方面来构建公共支出对城乡收入差距影响的一个理论分析框架，以期为后文的实证研究提供理论假设做铺垫。

第一节　公共支出规模对城乡居民收入分配影响的传导机制

自 20 世纪以来，世界各国的公共支出无论是绝对额还是相对额（公共支出占国民生产总值的比重）都呈上升的态势。根据"瓦格纳法则"的解释，公共支出规模不断增加，或公共支出占国民生产总值的相对规模处于不断上升趋势，是因为政府职能的扩大和社会经济稳定发展的需要。按照传统的财政学理论，就是为了更好地履行资源配置、宏观调控和收入分配这三大职能。这三大职能的最终目的归根结底是达到"促进经济增长、维护社会经济的正常运行和提高社会福利水平"的目标。因此，学术界有关政府公共支出宏观经济影响效应的研究主要是对经济增长、消费、就业、通货膨胀的影响展开讨论，尤其是有关公共支出对经济增长的影响效应，涌现出丰富的理论与实证研究。

相对而言，公共支出对城乡收入差距的影响效应则是一个相对较少被研究的领域。即使在现有众多的涉及财政政策的收入分配效应文献中，也多从税收视角出发（Poterba, 2007）。而从公共支出视角来分析财政政策的居民收入分配效应上，许多学者主要是讨论政府的转移支付对居民收入分配的直接影响。比如 Cruz 和 Willumsen（1991）曾经从社会阶层视角分析了财政政策的收入分配效应，认为不包含转移支付的政府公共支出增加对资本家、中产阶级和管理或专业阶层有利，从而会导致收入分配状况的恶化；但如果增加政府的转移支付支出则会对劳动工薪阶层有利，从而改善收入分配状况。

而从"公共支出通过对经济增长、就业、通货膨胀、消费、投资等宏观经济变量的影响进而对城乡居民收入差距产生影响"的分析则较少。按照 Ruggles 和 O' Higgins（1991）的划分，财政支出政策的收入分配效应具有直接影响和间接影响两个层面。因此，除了公共支出中转移支付对居民收入差距产生直接影响外，公共支出可能会通过影响城镇与农村的经济增长进而影响到城乡居民的收入差距，也可能通过影响城乡居民消费、城乡居民就业和城乡通货膨胀进而影响到城乡居民收入差距。

一　公共支出规模通过经济增长影响城乡收入差距

公共支出规模很大程度上代表着政府对市场干预的规模。但对于崇尚市场自由的经济学派而言，认为市场本身是完全有效的，政府不应过多干预市场，否则就会阻碍经济增长。因此，什么样的一个公共支出规模是最优的——使社会资源配置最佳、宏观调控达到预期目标、收入分配达到公平状态，以及公共支出会对宏观经济的影响效应如何？这些问题在学术界一直处于争论之中。

在判断最优公共支出规模问题上，国内外大部分学者主要以"公共支出对经济增长的影响"作为参照，主要讨论公共支出对经济增长是否有影响？如果存在影响，这种影响是促进还是阻碍经济增长？关于最优政府公共支出规模的分析，是伴随经济增长理论的发展而展开的，其中最为经典的主要是 Barro（1990）的框架、Futagami 等（1993）的框架、Ghosh 和 Roy（2004）的框架等基本分析框架。

Barro 的框架主要是将政府公共支出按照流量（flow）的形式直接引入宏观生产函数模型中，建立的生产函数形式为：

$$Y(t) = F(K(t), I_G(t)) = K(t)^{1-\alpha} I_G(t)^{\alpha}$$

其中，$Y(t)$ 表示产出，$I_G(t)$ 表示政府公共支出流量，α 表示政府支出的产出弹性；$K(t)$ 表示私人资本存量。根据生产函数，Barro 认为政府公共支出对经济增长的作用机制主要体现在：公共支出与私人资本是互补的，公共支出对私人资本的生长率产生积极作用，从而致使私人资本的边际收益在长期内不趋于零，政府公共支出规模越大，资本的边际收益率就越高，从而经济增长率越高，政府公共支出对经济增长会产生积极的影响。

与 Barro 的分析框架不同的是，Futagami 等（1993）的分析框架是将政府公共支出按照存量（stock）的形式引入宏观生产函数模型中，政府的公共支出可以通过投资形成公共资本，公共资本对社会生产具有促进的作用，从而对经济增长有积极的影响。Ghosh 和 Roy（2004）则把 Barro 分析框架和 Futagami 等分析框架的思想结合起来，将政府公共支出同时作为存量和流量两种形式引入宏观生产函数模型。严成樑和龚六堂（2011）通过"家庭通过选择消费来极大化福利水平、政府通过征收平滑收入税为公共支出融资"求解最优政府公共支出规模及最优公共支出结构，也证明了公共支出有促进经济增长的意义。

但在实证研究上，公共支出规模与经济增长两者之间的关系在理论界至今尚无定论，基本上有三种观点：存在正相关关系、存在负相关关系和两者间没有显著的相关关系。[①] 国内理论界比较典型的如庄子银和邹薇（2003）、郭庆旺等（2003）的实证研究发现公共支出对经济增长具有负效应。而刘进等（2004）、刘卓珺和于长革（2005）、廖楚晖（2006）、郭庆旺和贾俊雪（2006a，2006b）、严成樑和龚六堂（2009）的实证研究却发现公共资本（或公共投资）对经济增长具有显著正效应。

虽然学术界无法达成共识，但不少学者认为不应忽略和低估公共支出对经济的影响，不同国家和地区的差异是巨大的，每个国家和地区都可能存在一个最优的公共支出规模。在没有达到这一规模以前，扩大公共支出能够促进经济增长；而超过这一规模，则应该减少公共支出的数量。这意味着 Barro 规则有可能成立。

对我国而言，"城乡二元结构"是我国经济社会最大的特征之一。在政府的公共支出上同样具有明显的"城乡二元结构"的烙印。因此，公共支出对城镇与农村经济增长的影响效应可能会有所

---

① 林玉霞（2010）和金戈（2009）就公共支出与经济增长的关系做了较为详细的综述。

差异，从而导致城镇居民与农村居民之间的收入出现差距。从上述公共支出对经济增长影响的理论与实证文献的分析可以看出，假如公共支出对经济增长存在正向的促进作用，如果对城镇经济增长的促进作用大于对农村的，那么公共支出对城乡居民收入差距的影响有可能是扩大效应；反之，则可能是缩小效应，如果公共支出对城乡经济增长的促进作用是一致的，那么公共支出对城乡收入差距有可能是没有影响的。可见，公共支出对城乡收入差距的影响机制是比较复杂的，因此，需要通过可靠的计量方法进行实证研究才能做出回答。

综上所述，公共支出通过影响经济增长进而对城乡收入差距产生影响的传导机制可以归纳为：公共支出→城乡经济增长不一致→城乡居民收入差距出现。

二　公共支出规模通过就业和通货膨胀影响城乡收入差距

公共财政支出不仅影响经济增长（萨格勒和杜尔奈克，2009），在公共支出的宏观经济影响效应上还有对就业与通货膨胀等宏观经济变量产生的影响，因此，公共支出就有可能通过对就业和通货膨胀的影响进而影响城镇与农村居民的收入水平，如果影响效应不一致，城乡居民间的收入就会出现差距。

（一）公共支出通过就业影响城乡收入差距

国内学术界在公共支出对居民就业的影响上，认为中国公共支出受"中国式分权"的影响，存在"重投资建设性支出、轻公共服务性支出"的结构性支出偏向（尹恒和朱虹，2011；傅勇和张晏，2007）。在政府的公共支出上，投资建设性支出与公共服务性支出对就业的影响区别显著。政府投资建设性支出增加可以刺激就业，因为其可以通过生产性效应、投资流动性约束和价格黏性等渠道刺激就业，比如主要通过能源、交通和农田水利等基础设施建设以及国家发展战略和地方发展规划项目的建设性投资，直接拉动就业；而公共服务性支出则主要通过影响就业意愿、劳动力市场结构和经济产出等渠道，间接影响社会就业，而由于中国正处于工业化进程和体制转轨阶段，增加政府公共服务性支出将导致结构性劳动替代，因此，增加公共服务性支出会抑制就业（郭新强和胡永刚，2012）。当前中国"重投资建设性支出、轻公共服务性支出"的结构性公共支出偏向促进了就业。但对于城镇居民和农村居民而言，由于城乡二元结构、地理距离和对劳动者的就业技能需求等原因，城镇居民与农村居民在获得就业的信息与机会上是不一致的。尤其是当前中国正处于工业化进程中，制造业主要以"劳动密集型"和"资本密集型"为主，企业更多需要的是经过教育培训和就业指导的技术劳动工人。相对于城镇居民而言，农村居民受教育和基本就业技能培训机会少，就业和再就业能力较差，只能集中于非技术和非管理的低薪岗位，同样也会导致城乡居民收入差距的扩大。

因此，公共支出通过就业的影响进而影响城乡收入差距的传导机制可以归纳为：公共支出增加→城乡居民就业机会和获得报酬不一致→城乡居民收入差距扩大。

（二）公共支出通过通货膨胀影响城乡收入差距

国内外大量的理论和实证研究显示财政政策也是影响通货膨胀的重要因素之一。按照 Sargent 和 Wallace（1981）、Leeper（1991）、Sims（1994）、Cochrane（2000）、Woodford（2001）等提出的"价格水平决定的财政理论"（Fiscal Theory of Price Level Determination，FTPL），均论证了政府公共财政政策对价格水平的决定和通货膨胀有非常重要的作用。Sargent（1986）明确指出，如果由公共支出规模扩大而导致的赤字是持续性的，那么政府最终将不得不增加基础货币，从而引发了通货膨胀。Patinkin（1965）等提出的净财富效应，认为公共支出规模扩大导致赤字出现，如果政府用公债融资取代税收融资，公债持有者会认为所持资产的财富增加从而扩大消费支出，对总需求的增加大于总供给，就会产生扩张性效应而引发通货膨胀。Wray（1997）等提出的成本效应理论，认为扩大公共支出所导致的赤字将会进一步增加对市场稀缺资源的需求，进而使要素成本提高而引发通货膨胀。龚六堂和邹恒甫（2002）通过构造公共财政政策决定价格水平的理论模型，为说明中国的通货膨胀"不仅是一个货币现象，也是一个财政现象"提供了理论基础，而许雄奇和张宗益（2004）则为此提供了实证的证据。

　　同样，国内外大量的理论与实证研究也证明了通货膨胀是影响居民收入分配的重要因素之一。国外学者 Yoshino（1993）、Bulir（1995）、Powers（1995）、Romer（1998）的研究发现通货膨胀会加剧收入不平等现象；国内学者樊纲（1995）、Hongyi Li 和 Zou（2000）认为通货膨胀会拉大我国居民收入差距，黄智淋和赖小琼（2011）认为通货膨胀虽在短期显著缩小城乡收入差距，但在长期却不利于城乡收入差距的缩小，董志伟和吴军（2013）的实证研究认为由通货膨胀导致的农产品价格抑制、工农产品比价扭曲是城乡居民收入差距的形成根源。

　　因此，公共支出通过通货膨胀的影响进而影响城乡收入差距的传导机制可以归纳为：公共支出规模扩大→通货膨胀出现→城乡居民收入差距扩大。

第二节　公共支出结构对城乡居民收入差距影响的传导机制

　　从社会公共资源配置视角而言，公共支出结构直接关系到一国政府所控制的社会公共资源的利用与分配，而政府对公共支出资源的不同配置对城镇居民和农村居民的收入所产生的促进或抑制程度是不同的，从而会对城乡居民收入差距产生影响效应。本节在现有理论与实证研究的基础上，根据研究需要对公共支出进行了重新调整分类，在按功能划分中选取了与居民收入分配有密切关系的类别，主要为经济建设费支出、农林水事务支出、科教文卫支出、社会保障支出与一般公共服务支出五大类。本节主要分析这五类公共支出对城乡收入差距影响的传导机制。

一 经济建设支出对城乡收入差距的影响机制

作为公共财政支出的一个重要组成部分和国家干预经济的重要手段，经济建设支出一般表现为政府的公共投资（public investment）行为，主要集中在城乡基础设施的建设上。与私人投资（private investment）决策主要考虑投资收益不同的是，政府的公共投资决策既要考虑财务上的投资收益，还要考虑公共投资对区域经济和国民经济的影响效应甚至对整个国家社会经济的影响效应。在更多的时候，相对公共项目的财务投资收益而言，政府在公共投资决策时有可能会更加注重公共投资项目的国民经济效应和社会经济效应，比如该项投资是否有助于区域和国民经济的稳定发展、增加居民就业机会、减少贫困和提高社会福利水平。因此，经济建设支出的宏观经济效应长期为人们所关注。从这个方面来看，政府扩大经济建设支出的规模、增加基础设施建设的投入，在很大程度上应该有助于增加城镇与农村居民的就业机会从而增加收入，缩小居民间的收入差距。尤其是在基础设施建成之后，比如能源与交通基础设施的建成，城镇与农村居民均可从中获得基本建设支出带来的外部效应，从而有利于增加城镇和农村居民的收入水平和提升城乡居民的社会福利水平。

从我国公共财政中经济建设支出的结构（包括对城市和农村的经济建设支出）来看，比如，城市的供水、污水处理、供气和交通等城市基础设施，城市的能源基础设施建设等；农村的邮电通信、水利设施、农村电网、农业和林业基础设施建设等。但"城乡二元结构"特征长期的存在、新中国成立以来所推行的重工业优先发展的赶超战略（林毅夫和刘培林，2003）和改革开放以后向城市倾斜的发展战略下，导致生产要素的存量配置上出现以城镇建设为主，城市和农村的经济建设支出存在较大的差距。主要表现为国家为了培植城市的经济增长点，公共支出主要向城市倾斜，基本建设支出主要集中在城市基础设施如能源、交通、供水、供电、通信等基础设施的建设上，而政府对农村的基本建设支出就相对很少，导致城乡之间的基本建设支出悬殊。因此，城镇居民从基本建设支出的直接和间接受益都要远远大于农村居民，从而出现基本建设支出扩大、城乡居民收入差距也扩大的现象。孙文祥和张志超（2004）、解垩（2006）和陈思霞（2009）的研究证实了这个推论，认为明显偏向于城镇的基本建设支出使城镇居民获得的受益要远大于农村居民，基本建设支出占公共财政支出比重的上升会扩大城乡居民收入差距。

二　农林水事务支出对城乡收入差距的影响机制

农林水事务支出（支农支出）也称公共农业支出，主要是指政府农林水事务支出，主要包括农业支出、林业支出、水利支出、扶贫支出、农业综合开发支出等，是国家公共财政对农业一种直接的支持方式。农林水事务作为再分配过程中国民收入对农业的一种净流入，理论上而言能够直接或间接起到缩小城乡居民收入差距的作用，即"农林水事务支出增加→农村居民收入增长→城乡居民收入差距缩小"的逻辑机制。一方面，通过提供农村经济发展所需的农村公共产品、公共服务和准公共产品、准公共服务来改善农民生产、生活条件，以及创造市场交易的外部有利条件，有助于农业生产和增加农民利益，从而直接或间接地增加农民收入（李实和赵人伟，1999），因此农林水事务支出会有利于缩小城乡居民收入差距；另一方面，农林水事务支出通过对"虽然经济效益差、但社会效益好"的农业公共性投资项目及大中型农业基础建设项目进行投资，不但能够促进市场上的资金、劳动力和技术等各种要素在城乡之间合理流动，而且可以促进这些要素在农业内部各行业之间合理配置，从而有利于提高农业发展水平，提高农民收入水平，缩小城乡之间收入差距（冉光和和唐文，2007）。

但也有学者在研究中得出不同的结论，认为中国农林水事务支出并没有像所期望的那样缩小城乡收入差距。有学者认为是由于我国农林水事务支出长期以来存在使用效率低的问题，因此并不能明显地对农村经济发展起到促进作用，也没能够使农村居民从中提高收入，因此不能有效地缩小城乡居民收入差距，孙文祥和张志超（2004）、解垩（2006）和陈思霞（2009）的研究中阐述了这一点。更深入分析，发现主要原因可能是与国内农民从事农业生产（主要是种植粮食）收益低、财政补贴少有关，深层次原因可能在于政府对农副产品价格控制的放开力度并不大，主要粮食价格依然由政府控制；但粮食种植所需要的化肥、农药和农用机械等工业品却不受政府控制。国务院发展研究中心副主任韩俊表示，从 2009—2011 年三年平均收益来看，三种主粮的平均收益只有 223.4 元/亩。受成本上涨因素的影响，粮食种植实际收益增长缓慢，有些甚至出现负增长；2004—2011 年如果剔除消费价格上涨的影响，三种主粮亩均种植收益在 7 年里一共仅提高了 0.8 元，其中玉米提高了 91.4 元，稻谷提高了 8.6 元，小麦则下降了 97.8 元，而目前国家对种粮农民的补贴每斤只有 9 分钱左右。因此，名义上农林水事务支出是有利于农民收入增长的，但实际上由于种植成本的增加与物价的上涨，却是不利于农民收入增长的，甚至扩大了城乡收入差距。但实际上，即使农林水事务支出的效率低下，结果只不过是该项支出在提高农村居民收入的作用上不明显而已，可能不会对城镇居民的收入增长起到促进的作用（除非出现"农业补贴工业"的现象）。因此，农林水事务支出总体上是能够促进农村居民收入增长进而有利于缩小城乡居民收入差距的。

由上面分析可以看出，农林水事务支出的最终目的就是提高农民收入与促进农村、农业经济发展，从理论上推导应该是能够增加农村居民收入、缩小城乡之间的收入差距；但是如果该项支出的使用效率低下，或者支出力度与现实发展需要不符，也有可能对缩小城乡收入差距的作用不大、不明显。

三 科教文卫支出对城乡收入差距的影响机制

科教文卫支出主要是指公共科技支出、公共文教支出和公共卫生支出，我们分别来讨论三者对城乡收入差距的影响机制。

（一）公共科技支出对城乡收入差距的影响机制

公共科技支出是指公共财政用于科学技术方面的支出，包括科学技术管理事务、基础研究、应用研究、技术研究与开发、科技条件与服务、社会科学、科学技术普及、科技交流与合作等。科学技术的重要性毋庸置疑，是推动生产力发展的第一要素，是影响一国社会经济发展的重要力量，而根据内生经济增长理论，技术进步是经济长期增长的重要源泉。因此，世界各国政府通常选择运用公共财政支出手段支持科学技术的发展，进而带动和引导整个国家的科技投入，通过科技进步来促进经济与社会的快速稳定发展。从这个层面来讲，公共科技支出能够通过引导科学技术的研发和普及应用，促进城镇与农村经济共同发展来使城乡居民获得收益，提高城乡居民的收入水平，从而有利于改善整个社会的收入分配状况。

但由于科学技术具有明显的外部性，科学技术研究尤其是基础科学研究最大的特征是投入规模大、周期长与风险高，因此在激烈的市场竞争环境条件下，企业对科技研究投资是非常谨慎的，而政府为了国家的长远经济发展战略，往往会对企业的科技研发投资进行适当的干预，使整个社会的科技资源投入、配置与国家发展战略相匹配。从这个角度而言，城镇产业的科技投入和农村产业的科技投入就会不一致，城乡的经济发展就会出现差异，从而使城乡居民从科技投入与进步上的受益就会不一致，导致城乡居民收入差距出现。比如，新中国成立以来所推行的重工业优先发展的赶超战略（林毅夫和刘培林，2003），我国科技投入偏向于城镇工业发展，而农业的技术研究与开发能力有限，对农业的发展和农民的增收产生不利的影响，这样的状况就有可能导致城乡居民收入差距的扩大。

（二）公共文教支出对城乡收入差距的影响机制

公共文教支出主要是指政府教育事务支出，以及政府在文化、文物、体育、广播影视、新闻出版等方面的支出。根据1962年美国经济学家舒尔茨和贝克尔提出的人力资本理论，认为人力资本的水平和积累对经济增长有非常重要的促进作用，被认为是经济增长的重要源泉。与传统经济理论不同的是，人力资本理论认为资本和劳动是异质的，通过对劳动者进行普通教育、职业培训、继续教育可以提升劳动者自身的资本价值——人力资本是体现在劳动者身上的资本。通常认为文化教育与职业培训是人力资本最重要的投资，也是人力资本水平提升和积累的关键因素。

劳动者的能力与素质是决定个人收入高低的关键因素，生产能力与素质高的劳动者可以从事高技能的行业，获得较高的收入，相反，劳动技能和素质较低的劳动者只能从事纯体力消耗的低收入工作。而人力资本积累则决定着劳动者的能力与素质。因此可以看出，受教育程度高低决定着劳动者收入的高低，公共文教支出对城乡居民收入差距的影响主要通过人力资本传导途径：公共文教支出提升人力资本积累和提高人力资源水平，进而影响城乡居民的收入水平。

一方面，教育支出尤其是基础教育支出对低收入群体更有利，因为基础教育的投入可以扩大教育在低收入群体中的普及性，增加低收入群体家庭成员受教育的机会，从而提高了低收入群体家庭的劳动素质与技能，进而增加收入。因此，政府相关部门可以通过公共文教支出来普及社会低阶层的基础教育和基本职业培训，帮助没有足够资金用于孩子教育投资和成人职业培训的低收入阶层家庭，使低收入群体能够享受到受教育的权利、低收入家庭劳动者个人的劳动技能和收入水平获得提升，缩小因受教育程度不同而产生的收入差距，从而使整个社会的收入分配趋于公平。因此，公共文教支出被看作一种有效的调节收入差距的手段（邱伟华，2008），这是大部分国家政府和世界性组织机构一致的看法。在 Eckstein 和 Zilcha（1999）的研究中，他们认为政府的公共教育支出不仅能提高经济增长率，而且还对缩小收入差异有明显的促进作用。冉光和和唐文（2007）、李金玲等（2008）的实证研究证实了我国科教文卫支出所占比重的提升能够显著地缩小城乡居民收入差距；刘成奎等（2008）也从边际支出效率的角度分析了科教文卫支出的作用，认为虽然我国科教文卫支出存在较为明显的城镇倾向，城镇地区得到的外部收益要远大于农村地区，但到目前，城镇的教育投入相对农村而言已经处于较为饱和的状态。根据边际效用递减规律①，在其他情况相同的条件下，对城镇和农村相同的教育投入在农村产生的边际效用将大于在城镇的效用，农村居民在基础教育支出上将会获得更多的收益，因此科教文卫支出对缩小城乡居民收入差距的作用是显著的。

但另一方面，教育经费投入的决策通常由政府部门作出，政府教育投入决策的不同将导致城乡教育质量的差异和城乡居民受教育机会的差异，而接受教育质量的差异和接受教育机会的不同会影响到社会个体的人力资本投资选择，进而影响到城乡收入差距（陈斌开等，2010）。我国长期以来的城乡分割和城市偏向政策导致公共文教支出向城镇学校和各级重点学校倾斜，对城镇的教育投入远远优于农村，农村的教育水平长期处于落后水平，导致城乡教育部门教育质量和城乡居民受教育机会均存在差异。而教育质量和教育机会差异的存在会导致城乡劳动力素质差异的出现，进而影响到城乡居民人力资本投资回报。一般而言，城镇教育投入回报率要比农村高。因此，教育回报率较高的城镇居民将进行更多的人力资本投资，从而使城镇居民人力资本水平高于农村居民，城镇人力资源积累远高于农村；城乡居民人力资本水平差异将进一步拉大城乡居民的收入差距。因此，公共文教支出对城乡居民收入差距起到扩大作用。

陈斌开等（2010）基于2002年CHIP数据，实证结果表明教育水平差异是中国城乡收入差距最重要的影响因素，其贡献程度达到35%左右；偏向城市的教育经费投入政策是城乡教育水平失衡和城乡收入差距扩大的重要决定因素。此外，Secular 等（2007）、薛进

---

① 边际效用递减规律：在一定时期内，在其他物品的消费不变的情况下，随着消费者对某种物品消费量的不断增加，消费者从该物品连续增加的每一消费单位中得到的效用增量是递减的。

军等（2008）、陈斌开和许伟（2009）的研究也认为教育不平等是中国城乡收入差距扩大的主要动因，且贡献度呈扩大趋势。可以看出，城乡居民教育水平的差距被认为是影响我国城乡收入差距的最重要也是最直接的因素之一（Becker，2012）。

综合上面的分析与观点，发现公共文教支出对城乡居民收入差距的影响在理论界存在争议，目前并不能达成一致，因此需要利用计量方法进行实证检验。

（三）公共卫生支出对城乡收入差距的影响机制

国内外许多学者的研究认为，公共卫生支出是居民健康水平的一个重要影响因素[①]，与居民的健康水平直接相关，公共卫生支出增加有利于居民健康水平[②]的改善，较为典型的如 Anand 和 Ravallion（1993）、Gupta 和 Verhoeven（2001）、Mayer 和 Sarin（2005）、王俊（2007）等。而健康作为人力资本的组成部分早已为经济学家所关注（Becker，1965；Grossman，1972）。根据舒尔茨和贝克尔的人力资本理论，与公共文教支出一样，健康也是人力资本投资和积累的重要组成部分和关键因素。[③] 健康是其他形式的人力资本得以存在的前提和基础，对个人家庭收入有着非常重要的影响。

国内外不少研究（摩根，1962；罗弗特，1975；米切尔，1992；樊明，2002）认为，一方面，越健康的劳动力能够获得的就业机会就越多，就越能提高个人的劳动生产率和延长工作时间；同样，越健康的劳动力参与市场劳动力供给的概率就越大，获得就业机会的概率也越大，因此，获得的劳动收入报酬也就越高（潘思思，2007）。另一方面，健康的劳动力意味着疾病发生的概率减少，这不仅能够节省疾病治疗的支出，而且能够减少患病的时间成本，

---

① 在有关公共卫生支出与居民健康之间关系的研究上，国内外学者主要以 Grossman 健康需求函数和健康生产函数为基础，从公共卫生支出对居民健康水平的影响和公共卫生投入对居民健康公平的影响这两方面展开的。

② 学者们主要采纳婴儿死亡率及儿童死亡率指标来衡量居民的健康水平。

③ 根据该理论，舒尔茨认为教育、健康、培训和迁徙是人力资本的主要构成内容。

从而使劳动力有更多的时间参与工作、提高收入水平。早在 1909 年，Irving Fisher 就在《国家健康报告》中把健康作为一种国家财富的形式，不健康导致疾病所带来的损失有：因为早亡而丧失的未来收益的净现值，因为疾病而丧失的工作时间、花费在治疗上的成本。基于此，Irving Fisher 对美国 1909 年的健康资本存量进行估计，认为健康资本存量大大超过了其他形式的财富数量（享德森，2008）。① 张车伟（2003）运用来自中国贫困农村的数据，系统地研究了营养、健康对劳动生产率或者说收入的影响。作者选用了身高、身体质量指数（BMI）、营养摄入等八种不同的健康指标作为健康变量，比较分析了它们对收入的影响，发现在贫困农村，几乎所有的营养和健康方面因素都影响到农村的劳动生产率，其中营养摄入和疾病的影响最为显著；该结果说明，营养和健康确实是制约农民收入增加的重要因素。因此，要想提高贫困农村居民的收入，缩小与城镇居民的差距，提升农村居民的营养和健康具有至关重要的作用。魏众（2004）利用 1993 年中国营养调查数据，对中国农村地区健康对非农就业及其工资决定的影响进行了实证分析，发现健康状况对于劳动参与及非农就业机会均有显著影响；而在传统的种植业领域，健康状况不是劳动参与的决定性因素；虽然对农村的非农就业者来说，健康状况并不是劳动力市场表现的决定因素，但作者认为由于非农就业机会对家庭收入的重要作用，健康状况在获取非农就业收入乃至增加家庭收入方面的作用是至关重要的。刘国恩等（2004）主要通过建立以家庭为基础的个人收入生产函数，利用 1991—1997 年的中国健康与营养调查（CHNS）数据，将人口健康作为人力资本的一种形式来分析其在中国经济增长奇迹中的作用，研究结论认为个人健康是决定中国家庭人均收入的重要因素；相对而言，农村人口比城市人口的健康经济回报更大、女性比男性的健

---

① ［美］享德森著：《健康经济学》，向运华、钟建威、季华璐、颜韬译，人民邮电出版社 2008 年版。

康经济回报更大。高梦滔和姚洋（2005）基于中国 8 个省份、1354
个农户、跨度 15 年的微观面板数据，测算了大病冲击对于农户长期
收入的影响以及健康风险冲击持续的时间。他们的研究结论发现：
（1）大病冲击在随后的 12 年里对于农户人均纯收入都有显著的负
面影响；（2）大病冲击对于农户的短期与中期影响使得患病户人均
纯收入平均降低 5% —6% ；（3）健康风险冲击的长期影响可持续大
约 15 年，并且冲击对于中低收入农户的影响更为严重。

　　因此，与上述公共文教支出对城乡收入差距的影响机制一样，
公共卫生支出对城乡收入差距影响的传导机制可以归纳为：公共卫
生支出→居民健康水平→人力资本积累→城乡居民收入差距。

四　社会保障支出对城乡收入差距的影响

　　福利经济学、凯恩斯学派、新剑桥学派、新历史学派和瑞典学
派等均认为，在市场经济中必须通过国家干预来弥补市场机制存在
的一些缺陷，肯定了政府在社会财富中再分配的重要作用。上述学
派明确认为社会保障的本质就是一种收入再分配制度，在市场机制
分配的基础上，政府在对国民收入分配和使用过程中，凭借政权的
力量强行参与，对国民收入实施转移支付，调整国民收入格局（高
霖宇，2009），是调节城乡收入差距的一种必不可少的政策工具。

　　社会保障对收入分配的调节主要通过财政转移支付以及社会保
险基金征缴和给付的方式实现。财政转移支付是政府把以税收形式
筹集起来的一部分财政资金，转移到社会福利、社会救助和社会优
抚的支付上，以此来保障特殊社会成员的基本生活需要，从而起到
对收入差距的调节作用。社会保险基金是指为了保障保险对象的社
会保险待遇，按照国家法律、法规，由缴费单位和缴费个人分别按
缴费基数的一定比例缴纳以及通过其他合法方式筹集的专项资金。
社会保险基金必须坚持权利与义务相统一的原则，用于支付劳动者
因暂时或永久丧失劳动能力或劳动机会时所享受的保险金和津贴的
资金，对收入差距的调节有一定的作用。

　　对比这两种社会保障对收入差距调节的方式，财政转移支付是

无条件地对全体社会成员实施保障，而社会保险基金缴付是依据权利和义务统一的原则对参与其中的劳动者实施保障，因此，相对而言，财政转移支付对收入差距的调节作用更为明显（高霖宇，2009）。

不少发达国家的实践表明，社会保障制度改善了社会收入分配差距的状况，社会成员在其基本生活发生困难时，都可以均等地获得社会保障的机会和权利。但是，并非所有的社会保障制度都能够发挥上述作用。通常而言，社会保障制度的覆盖面是一个关键的指标，覆盖面越广，改善收入分配差距的作用就越明显；而社会保障的覆盖面越窄，改善收入分配差距的作用就会越弱，甚至有可能导致居民收入分配差距的扩大。

在我国，社会保障制度主要包括社会保险、社会救助、社会福利和社会优抚四个方面的内容。但由于户籍制度与城乡分割的原因，在很长一段时间内社会保障支出几乎只覆盖城镇居民，比如城镇居民在医疗、养老和住房等各方面享有保障，而农村居民则几乎处于无社会保障覆盖的状态。虽然近年来政府在农村启动了医疗和养老保险制度改革，但相对于覆盖城镇的社会保障内容而言，城乡居民之间的社会保障待遇依然存在很大差异。因此，对我国而言，社会保障支出极有可能是城乡居民收入差距扩大的一个影响因素。

五　一般公共服务支出对城乡收入差距的影响

一般公共服务支出（行政管理支出）① 指政府提供基本公共管理与服务的支出，是国家为保障各级政府管理机构正常运行必需的费用。从支出的用途和属性来看，一般公共服务支出属于纯消耗性支出，不能直接创造新的社会财富，直接受益对象主要为从事行政管理的城镇居民，农村居民难以从该项支出中获得直接的收益，因此，该项支出会扩大城乡居民收入差距。同样几乎所有的学术研究

---

① 2007 年财政收支分类改革对原有预算科目进行大幅调整和归并，行政管理支出调整为一般公共服务。

也都认为一般公共服务支出扩大了城乡居民收入差距,比如李金玲(2008)的分析认为行政管理费主要包括办公经费和人员经费两部分,办公经费主要是提供较为完善的经济发展环境,而这主要是城镇居民受益;人员经费几乎全部是行政人员的工资性收入,而行政人员大部分属于城镇居民,因此这项支出扩大了城乡居民收入差距。尹利军和龙新民(2007)则认为在公共财政收入一定的条件下,如果用于行政管理的费用过多,政府就不得不压缩用于基础设施投资、教育、科技、医疗等方面的支出,很多民生问题被搁置,得不到应有的改善,从而影响整个公共产品配置的效率,不利于提高农村居民的收入水平,从而会扩大城乡收入差距。

但从资源配置的角度来看,有效的一般公共服务支出可以保证政府机构的正常运转和政府职能的实现,从而提高政府机构的运转效果,促进宏观经济的平稳运行和城乡区域经济的均衡发展,从而会有利于改善社会收入分配状况。同时,有效的一般公共服务支出能够提升公共资源的配置效率,会根据城乡之间的经济发展现实来配置公共产品与公共服务,及时调节城乡居民的收入分配状况,防止城乡居民收入差距的扩大。因此,从这个视角来看,有效的一般公共服务支出有利于缩小城乡居民收入差距。

第三节　我国公共支出对城乡收入
差距影响的概念框架

根据上一章相关理论的阐述以及上两节公共支出规模和结构对收入分配影响机制的分析,显然,公共支出收入分配理论的形成源于西方公共财政理论的形成与发展,在有关公共支出对居民收入分配影响的讨论上,不同的理论从不同的侧面有不同的解释。通常而言,从途径上看,在市场经济条件下国家财政对经济的影响与干预主要体现在税收和公共支出上;而从政策层面来看,国家财政政策对经济干预主要体现在税收政策与公共支出政策上。在一定程度上，体现公共支出政策的公共支出规模和结构反映了政府介入经济社会生活的深度和广度，以及公共财政在经济和社会生活中的地位和作用，实际上反映的是政府对经济社会管理的一种公共政策选择。因此，相对税收而言，公共支出方式更具有直接性和针对性，尤其是对于发展中国家，公共支出对于迅速改变整个社会收入分配不公平的局面更具有深远的影响和重要的意义。

因此，本节通过梳理改革开放以来我国财政体制改革来刻画我国公共财政支出的制度变迁，并根据我国的经济现实，从规模和结构的视角，构建我国公共支出对城乡收入差距影响的理论分析框架。

一　我国公共财政支出体制改革的制度经济分析

自改革开放以来，财政支出体制改革作为我国经济体制改革的重要组成部分，一直都扮演着十分重要的角色。作为国家宏观调控的重要手段之一，政府在不同时期、根据社会经济发展的需要，选择不同的财政政策，为整个国家宏观经济的调控和国民经济发展做出了巨大的贡献。近年来，学术界对改革开放 30 多年来我国财政改革和财政政策实践演进历程进行了较为系统的梳理与分析。较为有代表性的如刘尚希和邢丽（2008）认为我国近 30 多年的财政改革历程，基本上是按照"让利—放权—分权—非对称性分权"这样一个脉络而展开的。高培勇（2008）认为，我国财政体制改革的主线是由"非公共性"财税运行格局及其体制机制不断向"公共性"财税运行格局及其体制机制不断演进的过程，最终目标是构建既与完善的社会主义市场经济体制相适应，又与财政的本质属性相贯通的公共财政制度体系。贾康（2013）认为，整个财政体制改革的进程主要是如何处理中央财政与地方财政"集权—分权"的关系，特别是注重由"行政性分权"转为"经济性分权"所内含的制度变革逻辑。陈共（2003）、郭代模和马洪范（2006）、马海涛和肖鹏（2008）等学者则对近 10 多年来我国几轮财政政策的演进特征和实施效果进行了高度归纳。

上述有关财政体制改革实践研究为本书进一步开展研究提供了很好的理论基础。但总体而言，现有国内有关财政体制改革的研究主要集中于财税的收支研究，研究范畴较大，而单纯集中于公共财政支出的总结研究较少。本节将按照本书"公共支出对城乡收入差距影响"这个主题，对中国公共财政支出改革实践的 30 多年历程进行脉络梳理与分析，希望揭示公共支出对城乡收入差距深层次的逻辑关系。

在借鉴高培勇（2008）和胡琨（2013）等学者观点的基础上，本书沿着公共财政体制改革逐步推进"公共化"的主线，将改革开放后公共财政支出政策的实践过程划分为以下四个阶段：

（一）1978—1993 年的以调动地方政府和市场主体积极性为主的改革阶段

中国的经济体制改革是从分配领域入手的，同时收入分配改革也是经济体制改革的重要内容。这期间中央出台了不少激发各方面改革积极性的财政措施，最为典型的是中央与地方财政分配上的"分灶吃饭"、国家与企业之间的"减税让利"分配关系；并以大量的公共财政支出作为"财力保障"，配合和保障价格、工资、科技以及教育等相关领域的改革措施的出台。一边是"放权、让利"导致的财政收入占 GDP 比重的下滑；另一边是由于农副产品价格补贴增加和行政事业单位职工工资增长而导致的财政支出扩大，致使财政运行机制陷入失衡的困境。

（二）1994—1997 年财政职能从行政手段向经济手段转变阶段

1994 年政府对财税体制进行了一系列的改革。改革的重点不是简单地为了解决"放权、让利"而导致的中央与地方财政关系不明确、财政运行机制陷入失衡困境的问题，而是构建适应社会主义市场经济体制的财税体制及其运行机制的基本框架（刘克崮，2009）。按照中央政府和地方政府各自的事权，确定了各级财政的支出范围；根据财权事权一致、收入与支出一致的原则，进行了合理划分中央与地方收入的分税制改革。针对 1992 年、1993 年经济过热问题，政府通过了控制支出规模、压缩财政赤字，降低财政支出增速，控制政府投资规模等财政政策对过热的经济进行调控。经过 1994—1996 年三年的调控，成功实现了经济高增长、低通胀的"软着陆"。这轮宏观调控标志着我国政府调控经济运行的方式，在财政支出对经济的干预方面基本实现了从行政手段为主，转向以经济手段为主的重大转变。

（三）1998—2003 年公共财政体制基本框架初步构建阶段

1994 年财税制度改革主要是以税制为代表的财政收入的制度变革，而对财政支出的改革涉及却不多，财政支出结构滞后于整个经济分配格局的变化。财政支出制度改革的滞后，导致了基础设施、教育、公共卫生、社会保障等公共服务产品长期供给严重不足，成为困扰国民收入分配和政府收支运行过程的主要问题。

因此，我国政府利用 1998 年实施第一轮积极财政政策的时机，开始了推动财政"公共化"的改革进程。主要是通过财政支出增量的拓展和财政支出结构的调整逐渐退出竞争性市场领域，改变过去政府包揽过多、财政支出范围过宽、覆盖面（整个社会生产与消费的各个方面）过广的问题。对财政支出结构改革进行了优化调整，改革范围从专注于生产建设领域逐步扩展至整个公共服务领域，尤其是大幅度增加了铁路、公路、道路桥梁、交通通信设施、城市基础设施等社会基础设施的投资支出。并将政府部门的各项直接支出逐步通过社会公开竞价招标购买的"政府采购制度"来实现。政府职能从"无所不为"转变为向提供基本公共服务、满足社会公共需要、解决社会公共问题"有所为、有所不为"转变，财政职能目标定位从替代市场向弥补市场失灵转变（胡琨，2013）。更为重要的是，以 1998 年 12 月 15 日举行的全国财政工作会议为契机，政府做出了一个具有划时代意义的重要决定——构建中国的公共财政体制基本框架（高培勇，2008）；而 2003 年中共十六届三中全会提出的"健全公共财政体制"的要求，更是明确了各级政府的财政支出责任，进一步完善了财政转移支付制度，加大了对中西部地区和民族地区支持的财政力度，标志着我国初步建立起了公共财政体制基本框架。

（四）2004 年至今的公共财政支出向公共民生服务转型的阶段

随着 2003 年公共财政体制基本框架的建立，政府职能逐步转向增强在市场资源配置的基础性作用，对财政支出结构的调整也逐步展开。但是，伴随着国内产能过剩和国内消费需求不足的尖锐矛盾，教育、公共医疗卫生、社会保障等公共服务短缺的问题更为突出，促使政府决定由"以刺激经济复苏为主"的积极财政政策向"以经济结构调整、经济发展方式转变为主"的稳健财政政策转变。2007 年 10 月召开的党的十七大明确提出："必须在经济发展的基础上，努力使全体人民学有所教、劳有所得、病有所医、老有所养、住有所居。"① 政府财政支出政策工作的基本思路逐步转变为：在合理控制财政支出总量的同时，优化财政支出结构，主要通过压缩一般性投资项目，财政支出逐步退出竞争性投资领域，转向优先保证重点公共民生事业发展的需要，比如，增加对"三农"、能源、交通等基础产业和基础设施投资，支持国家支柱产业和高新技术产业发展，并更加注重支持收入分配和社会保障等社会制度的改革，增加对教育、公共卫生和科技等公共服务和公共产品方面的投入。

2008 年由美国次贷危机演变而成的全球金融危机，直接表现为全球性产能的过剩，直接和间接地影响了国外市场对我国产品的需求。全球金融危机导致国外市场需求的严重削弱，极大地冲击和破坏了国内经济的正常运行，同时也再次凸显了我国国内需求不足的经济缺陷。为抵御和减轻外部环境对国内经济的冲击，政府与学术界几乎一致认为必须采取积极灵活的宏观经济政策，出台更加有力的扩大内需政策，以应对复杂严峻的经济形势。"就当时情况看，企业和消费者信心不足，贷款需求明显下降，单纯依靠宽松的货币

---

① 新华网，http：//news. xinhuanet. com/newscenter/2007 - 10/24/content_ 6938568. htm。

政策是解决不了问题的"，因此，通过"实施积极的财政政策扩张中央政府投资、启动国内需求"几乎成为我国走出金融危机的唯一途径（刘立峰，2012）。

面对金融危机的蔓延，2008 年 11 月国务院总理温家宝主持召开国务院常务会议，会议最终决定"当前要实行积极的财政政策和适度宽松的货币政策，出台更加有力的扩大国内需求的措施，加快民生工程、基础设施、生态环境建设和灾后重建，提高城乡居民特别是低收入群体的收入水平，促进经济平稳较快增长"。确定了进一步扩大内需、促进经济稳定持续增长的十项措施和加强七大重点领域投入。按照"调结构、转方式、促民生"的基本方针安排投资，计划从 2008 年第四季度到 2010 年年底，新增中央政府投资 11800 亿元，带动地方政府投资 8300 亿元、银行贷款 14100 亿元、企业自有资金等其他投资 5800 亿元，共同完成 4 万亿元的投资工作量。① 促进经济增长的十项措施几乎都属于提升民生水平的内容，七大重点投入的领域也是属于民生开支的范畴，主要包括：保障性安居工程；农村民生工程和农村基础设施；铁路、公路和机场等重大基础设施；医疗卫生、教育、文化等社会事业；节能减排和生态建设；自主创新和产业结构调整；汶川地震灾后恢复重建 7 个方面。

可见，与 2004 年之前的阶段形成鲜明对比的是，这一阶段财政支出明显加大了教育、卫生、科技研发、社会保障、农村基础设施等方面的建设，公共财政支出逐渐转向以公共民生服务转型为主的支出。而且中共十八大更进一步明确提出"加强社会建设，必须以保障和改善民生为重点，要多谋民生之利，多解民生之忧，解决好人民最关心、最直接、最现实的利益问题，在学有所教、劳有所得、病有所医、老有所养、住有所居上持续取得新进展，努力让人

---

① 这一部分内容主要来自《国务院常务会议确定扩大内需十项措施》，新华网（http：//news. xinhuanet. com/fortune/2008 – 11/10/content_ 10333553. htm）。

民过上更好生活"。① 这应该是我国财政工作的基点、思路、理念和政策逐步以民生财政为主的转变，今后公共财政特有的基本运作模式以服务民生为直接目的，是政府执政理念从"以经济建设为中心"转到"为民执政"在财政上的体现。

二 我国经济现实的公共支出对城乡收入差距影响的理论概念框架

在上述公共支出规模与结构对城乡收入差距影响传导机制的分析基础上，结合我国公共财政支出体制改革的制度经济分析，借鉴国内外有关公共支出对收入分配影响实证文献的研究方法和研究途径，构建基于我国经济现实的公共支出对城乡收入差距的概念框架（见图3－1）。

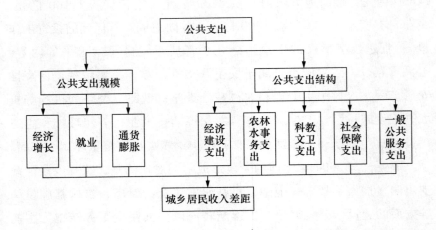

图3－1 基于我国经济现实的公共支出对城乡收入差距影响的概念框架

1. 公共支出规模对城乡收入差距的影响

公共支出通过影响经济增长进而影响城乡收入差距。在公共支出通过经济增长对城乡收入差距影响的传导机制上：公共支出→城

---

① 胡锦涛：《坚定不移沿着中国特色社会主义道路前进 为全面建成小康社会而奋斗》，http：//www. xj. xinhuanet. com/2012－11/19/c_ 113722546. htm。

乡经济增长不一致→城乡居民收入差距出现，得出的推论是，如果公共支出对城镇经济增长的促进效应是大于农村的，那么城乡收入差距就会扩大；相反，如果公共支出对农村经济增长的促进效应是大于城镇的，那么就会缩小城乡收入差距。

公共支出通过影响社会就业进而影响城乡收入差距。在公共支出通过就业的影响进而影响城乡收入差距的传导机制上：公共支出→城乡居民就业不一致→城乡居民收入差距扩大，得出的推论是，如果公共支出增加所带来的就业效应更有利于城镇居民，那么就会导致城乡居民收入扩大；相反，如果就业效应更有利于农村居民，则会有助于城乡收入差距的缩小。

公共支出通过通货膨胀影响城乡收入差距。根据公共支出通过通货膨胀的影响进而影响城乡收入差距的传导机制：公共支出规模扩大→通货膨胀出现→城乡居民收入差距扩大，得到的推论是，公共支出的规模扩大会导致通货膨胀出现，相对而言，城镇居民对通货膨胀冲击影响的承受力要比农村居民大，因此会导致城乡居民收入差距扩大。

2. 公共支出结构对城乡收入差距的影响

根据中国的经济社会基本情况和中共十七、十八大会议召开的重点，近10年来公共财政支出逐渐转向以公共民生服务为主的支出，对教育、卫生、科技研发、社会保障、农村基础设施等方面建设的投入显著增加，这体现了我国政府执政理念由"以经济建设为中心"转到"服务民生"上来，公共支出结构上更加注重以民生财政为主的财政支出。因此，本书公共支出结构对城乡收入差距的影响主要体现在经济建设支出、农林水事务支出、科教文卫支出、社会保障支出和一般公共服务支出对城乡收入差距产生的影响上。

在经济建设支出对城乡收入差距的影响上，由于经济建设支出对城镇与农村居民收入影响的大小取决于支出的偏向和其他众多的因素，因此，经济建设支出对城乡居民收入影响既有可能是正向的，也有可能是负向的。

在科教文卫支出对城乡收入差距的影响上，增加科教文卫支出，尤其是基础教育支出一直被认为对低收入群体更有利，因为科教文卫的投入会极大地提高低收入群体的身体和劳动素质、技能，以及增加受教育机会，使低收入群体的状况得到改善。因此，公共文教支出对城乡收入差距的传导机制可以归纳为：公共科教文卫支出—低收入群体受教育机会增加、居民健康水平和劳动技能提高—人力资本积累—城乡居民收入差距缩小。

与科教文卫支出一样，社会保障支出同样也被认为是政府通过公共财政向由于各种原因而导致暂时或永久性丧失劳动能力、失去工作机会或生活面临困难的社会居民提供基本生活保障的支出，因此，在社会保障支出对城乡收入差距的影响上，有利于城乡居民收入差距的缩小。

在一般公共服务支出对城乡收入差距的影响上，根据上述传导机制的分析和我国的基本情况，一般公共服务支出的增加会扩大城乡居民收入的差距。

上述理论概念分析框架是在公共支出对城乡收入差距影响的传导机制分析的基础上，结合中国公共财政支出制度变迁而构建的，是为本书下一步实证检验做好理论假设的铺垫。

第四节　本章小结

本章首先对公共支出规模影响城乡收入差距的传导机制进行了分析，公共支出规模扩大可能对城镇居民与农村居民收入影响的效应不同而存在对城乡收入差距的直接影响，以及可能存在的通过经济增长、就业和通货膨胀对城乡居民收入影响不同进而存在对城乡收入差距的间接影响；其次对公共支出结构影响城乡收入差距的传导机制进行了分析，着重分析经济建设支出、农林水事务支出、科教文卫支出、社会保障支出和一般公共服务支出对城乡居民收入差距影响的传导机制；最后回顾了中国公共财政支出体制改革的制度变迁，在此基础上，构建出我国公共支出对城乡收入差距影响的一个理论分析的概念框架，为下面章节的实证检验做好理论假设的铺垫。

第四章　公共支出与城乡收入差距：
中国的现实背景

本章在对 1978—2010 年中国公共支出与城乡收入差距变动状况及其特征进行描述分析的基础上，结合中国宏观经济体制改革的现实，对中国公共支出与城乡收入差距的变动进行制度经济分析，并对两者间存在的可能关系进行经验描述，为后面的实证研究确定假设条件提供分析前提和做好铺垫。

第一节　公共支出的规模状况及其结构特点

一　1978—2010 年中国公共支出规模的变动趋势

在公共支出理论中，衡量与分析公共支出规模变动通常有两个指标，一个是绝对指标，即国家统计局《中国统计年鉴》上所记录的公共支出绝对值，或者公共支出的增长速度，即根据本期公共支出增加额度占上期公共支出总量的比率来计算，从增长速度可以看出一个国家公共支出规模的变动趋势。另一个是相对指标，即公共支出占 GDP 的比重。图 4-1 描述了中国 1978—2010 年公共支出的基本状况和变动趋势。[①] 1978—2010 年的 32 年中，从中国公共支出的总规模变动趋势来看一直保持快速增长的态势，由 1978 年的 1122.090 亿元增加到 2010 年的 89874.16 亿元；尤其是 20 世纪 90

---

① 公共支出绝对值对应的是左轴，公共支出占 GDP 的比重对应的是右轴。

年代以来，公共支出规模扩大的幅度尤为明显。

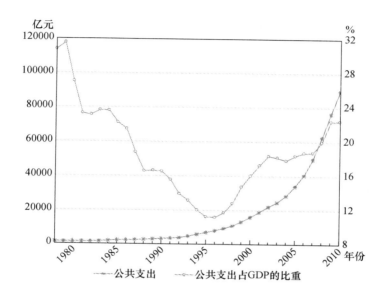

图4-1　中国公共支出的基本状况和变动趋势

　　而根据公共支出占 GDP 比重的变化趋势来看，情况却不一样。根据图 4-1 可以看出 1978—2010 年公共支出占 GDP 的比重呈现出一条不完全对称的"U"形变动轨迹，其变动趋势可分为两个阶段。第一阶段为 1978—1996 年比重下降阶段。这一阶段中，公共支出规模占 GDP 的比重由 1978 年的 30.783% 下降到 1996 年的 11.152%，表明公共支出规模远远落后于经济增长的速度，结果是政府公共财政支出相对困难，导致政府通过经济手段对宏观经济的干预与调控能力在减弱。第二阶段为 1997—2010 年公共支出规模占 GDP 比重扩大的阶段，比重从 1997 年的 11.692% 扩大到 2010 年的 22.401%，1994 年中央政府推行的分税制财政体制改革的效果逐渐显现，这个阶段体现了政府对宏观经济调整的能力得到了加强。

　　总体而言，改革开放以来中国公共支出总体规模呈现较快的增长趋势，虽然 1995 年之前公共支出占 GDP 的比重呈现出下滑的趋势，但之后的时期里却呈现急速上升的趋势。表明了我国政府通过公共支出政策对国民经济的调节力度和干预力度在不断地增强。

二 以中央与地方划分的公共支出结构特征

根据财政部的界定，中央财政支出和地方财政支出，指根据政府在经济和社会活动中的不同职责，划分中央和地方政府的责权，按照政府的责权划分确定的支出。通常而言，中央财政支出包括一般公共服务、外交支出、国防支出、公共安全支出，以及中央政府调整国民经济结构、协调地区发展、实施宏观调控的支出等。地方财政支出包括一般公共服务、公共安全支出、地方统筹的各项社会事业支出等。[①] 因此，我们不仅按照政府的责权划分从中央政府和地方政府来探讨 1990—2010 年中国公共支出结构的特征，同样也根据一般公共服务等项目的变动情况来考察 1990—2010 年中国公共支出结构的变动特征。

(一) 中央与地方公共支出规模不断扩大

从图 4 - 2 可以看出，中央与地方公共支出规模不断扩大，中央公共支出由 1978 年的 532. 12 亿元增加到 2010 年的 15989. 73 亿元，年均增长 11. 682% ；地方公共支出由 1978 年的 589. 97 亿元增加到 2010 年的 73884. 43 亿元，年均增长 16. 795% 。但从图 4 - 2 所显示的走势来看，在 1994 年推行分税制财政体制改革之前，中央与地方公共支出的增长较为缓慢，中央公共支出甚至一度出现负增长；但分税制财政体制改革之后，中央与地方公共支出规模的增长速度得到了明显的提升。

除了 1979—1984 年这一阶段中央公共支出规模超过地方公共支出规模外，其余年份均是地方公共支出规模大于中央公共支出的规模。虽然总体上两者均处于增长的势头，但相对而言，中央公共支出的增长趋势较为平缓，尤其是 2001—2010 年这一阶段，地方公共支出规模的增长速度远远大于中央公共支出。

---

① 《中国统计年鉴》（2012）。

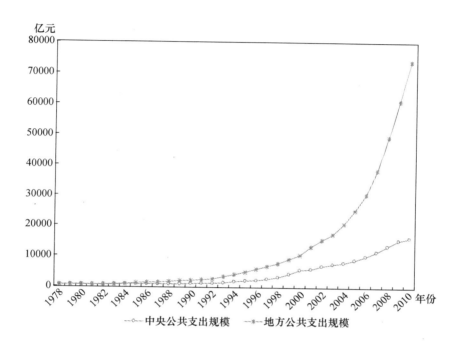

图 4 - 2　1978—2010 年中央与地方公共支出规模的变动趋势

（二）地方公共支出所占比例扩大，中央公共支出所占比重缩小

本节分析公共支出中中央与地方公共支出结构的特征。图 4 - 3 显示了 1978—2010 年中央与地方公共支出占总公共支出比重的变动趋势，大概可以分成两个阶段，即 1979—1984 年中央公共支出所占比重大于地方公共支出的阶段，和 1985—2010 年地方公共支出比重超过中央公共支出比重的阶段。从 1978—2010 年整个样本阶段看，虽然在 1996—2000 年地方公共支出比重出现了下滑、中央公共支出比重上升的状况外，长期而言地方公共支出所占比重处于上升的趋势，中央公共支出比重处于下滑的趋势。

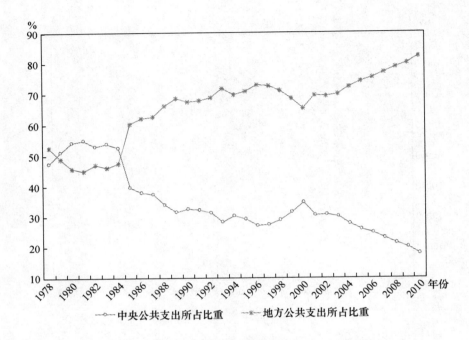

图4-3 1978—2010年中央与地方公共支出所占
比重的变动趋势

三 按支出功能划分的公共支出结构特征（1978—2006年）

公共支出结构是公共财政支出总额中用于各类支出的组合以及各类支出占公共财政总支出的比重。我国财政部主要根据公共财政支出的功能性质和财政支出的具体用途进行分类。比如，根据功能性质划分的公共财政支出主要为经济建设支出费、科教文卫支出费、国防费、行政管理费和其他支出五大类；而根据支出用途性质划分的公共财政支出主要是基本建设支出、企业挖掘改造资金、地质勘探费、挖潜改造资金和科技三项费、增拨企业流动资金、农林业支出、工业交通部门事业费、文教科学卫生事业费、抚恤和社会福利救济支出、社会保障补助支出、国防费、行政管理费、武装警察部队支出、公检法司支出、政策性补贴支出和其他支出 15 大类。①

　　上述公共财政支出的分类是 2006 年之前的分类，2007 年财政部对公共财政收支科目实施了较大分类改革，对原有的分类方法进行了调整，特别是财政支出项目口径变化很大，主要以一般公共服务、外交、国防、公共安全、教育、科学技术、文化体育与传媒、社会保障和就业、医疗卫生、环境保护、城乡社区事务、农林水事务、交通运输、工业商业金融等事务和其他支出 15 类（公共财政支出项目的分类上每年都有一定的调整，这里忽略不计）。统计口径的变化和主要项目数据的调整，与以往年份相比数据变化很大，可比性不是很强，因此，在涉及财政支出项目的结构特征分析上，将分成 1978—2006 年和 2007—2011 年两个阶段分析。

　　（一）各项支出的规模都呈递增趋势

　　一个国家的经济结构和政府政策导向在很大程度上会在公共财政支出的结构上体现出来。图 4-4 是我国 1978—2006 年按功能性质划分的公共支出主要项目变动趋势。可以看出，1978—2006 年我国经济建设支出、社会文教支出、国防支出、行政管理支出和其他支出等的支出规模都呈递增趋势，年均增长速度由高到低排序分别为其他支出 23.303%、行政管理支出 19.825%、社会文教支出 16.714%、国防支出 11.276% 和经济建设支出 10.5%。

　　但是从其增长的幅度来看，可以分成两个阶段，其中一个阶段是在 20 世纪 90 年代中期之前，各项支出的增长幅度都不大。比如，经济建设支出由 1978 年的 718.97 亿元增加到 1993 年的 1834.75 亿元，平均年增长 6.817%；社会文教支出由 1978 年的 146.96 亿元增加到 1993 年的 1178.27 亿元，平均年增长 14.993%；国防支出由 1978 年的 167.84 亿元增加到 1993 年的 425.8 亿元，平均年增长 6.98%；行政管理支出由 1978 年的 52.9 亿元增加到 1993 年的 634.26 亿元，平均年增长 18.623%；其他支出由 1978 年的 35.41

――――――――――

　　①　借鉴《中国财政年鉴》（2011）。

亿元增加到 1993 年的 569. 18 亿元，平均年增长 22. 84%。

　　另一个阶段是在 20 世纪 90 年代中期之后，公共财政各项支出的增长速度得到了大幅度的提升。比如，经济建设支出由 1994 年的 2393. 69 亿 元 增 加 到 2006 年 的 10734. 63 亿 元，平 均 年 增 长 14. 75%；社会文教支出由 1994 年的 1501. 53 亿元增加到 2006 年的 10846. 2 亿元，平均年增长 18. 7%；国防支出由 1994 年的 550. 71 亿元增加到 2006 年的 2979. 38 亿元，平均年增长 16. 232%；行政管理支出由 1994 年的 847. 68 亿元增加到 2006 年的 7571. 05 亿元，平均年增长 21. 21%；其他支出由 1994 年的 499. 01 亿元增加到 2006 年的 8291. 47 亿元，平均年增长 23. 836%。这一阶段各项公共支出的年均增长速度比上一阶段明显高，这与 1994 年我国实行分税制财政体制改革后财政收支总量的快速增加是相符的。

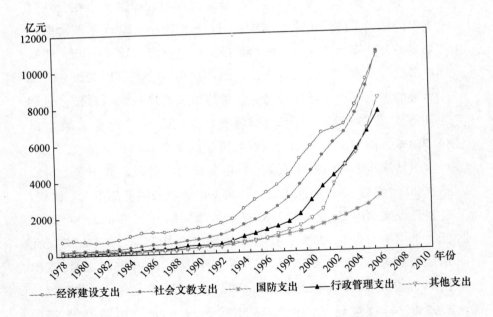

图 4 - 4　1978—2010 年按功能性质划分的公共支出主要项目变动趋势

（二）各项支出所占的比重有收敛趋势

虽然图4-4显示各项支出规模一直呈现增长趋势，但各项支出所占比重的变动趋势却不一致，图4-5是各项支出所占比重的变动趋势。在1978—2006年时期内，除了2006年外经济建设支出占公共支出的比重最大，表明改革开放以来政府对经济活动直接干预的程度比较大，该期间财政政策一直发挥着重要的经济建设功能作用；但经济建设支出的比重却一直呈急速下降的趋势，所占比重由1978年的64.075%下降到2006年的26.556%，也反映了随着我国经济体制的转型，政府在经济建设方面的支出逐渐减少，对经济的直接干预程度逐步下降。

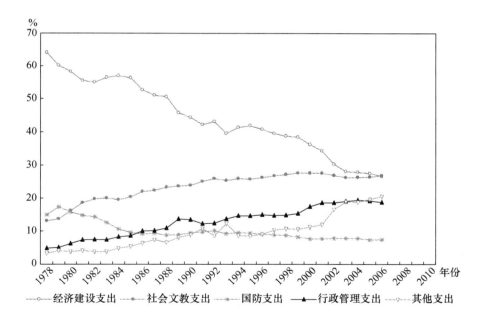

图4-5　1978—2010年按功能性质划分的公共支出
主要项目所占比重变动趋势

社会文教支出占公共支出的比重保持稳定增长，由1978年的13.097%增加到2006年的26.832%，并在2006年超过了经济建设支出的比重，是公共支出中占比最大的支出项目。这反映了近年来文化教育事业、科学技术和社会福利事业得到前所未有的重视与加强。

与上述社会文教支出比重一样，行政管理支出所占的比重也保持稳定增长的趋势。所占比重由1978年的4.714%增加到2006年的18.73%，比重扩大的趋势非常明显。行政管理支出的扩张，很大程度上反映了我国行政管理机构处于膨胀的状态。

国防支出的比重呈下降的趋势，所占比重由1978年的14.958%下降到2006年的7.371%。从比重下降速度可以分成两个阶段，1978—1986年急速下降的阶段和1987—2006年下降趋势比较平缓的阶段。而其他支出所占的比重由1978年的3.156%增加到2006年的20.512%，比重的扩大趋势最明显。但整体而言，除了国防支出外，其余各项支出都倾向于收敛的趋势。

四 按支出用途划分的公共支出结构特征（2007—2011年）

2007年财政部对公共财政收支科目实施了较大分类改革，对原有的分类方法进行了调整，特别是财政支出项目口径变化很大，前后科目不对应给数据分析和实证检验上带来了极大的不便。2007年后财政支出科目主要包括一般公共服务、外交、国防、公共安全、教育、科学技术、文化体育与传媒、社会保障与就业、医疗卫生、环境保护、城乡社区事务、农林水事务、交通运输、工业商业金融等事务和其他支出15类（公共财政支出项目的分类上每年都有一定的调整，这里忽略不计）。根据本书的研究框架和研究目的，这里我们选择一般公共服务、教育、科学技术、社会保障和就业、医疗卫生和农林水事务支出项目进行结构特征的分析。

从图4-6可以看出，2007年和2008年一般公共服务所占比例最大，而在2009—2011年则是教育的比重最大，其他几项支出所占比重的顺序是社会保障与就业支出、农林水事务支出、医疗卫生支出和科学技术支出。从每项支出的变动趋势看，2007—2011年一般公共服务支出所占比重呈下降趋势，教育支出、农林水事务支出和医疗卫生支出所占比重呈上升趋势，而科学技术支出、社会保障与就业支出所占比重变化较为平缓。很显然，在公共支出结构上，政府一直比较注重教育和农林水事务的发展。

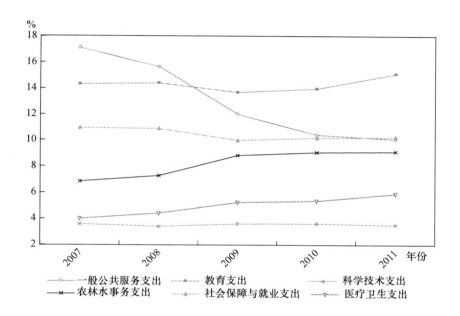

图4－6　2007—2011年公共支出主要项目所占比重变动趋势

资料来源：根据2008—2012年历年《中国统计年鉴》整理而得。

第二节　城乡收入差距变化的历史演进

一　城乡收入差距的统计测度

（一）城乡收入差距衡量指标的选取

根据不同的收入分配理论，对城乡收入差距的统计测度会有所不同。尤其是在实证研究中，测度收入差距的指标比较多，通常而言，城乡收入差距测度的指标分为两大类：一类是绝对指标，也就是城镇居民人均收入与农村居民人均收入的绝对差值；另一类是相对指标，包括城镇居民人均收入与农村居民人均收入的比值、广义熵指数（Generalized Entropy，GE）、泰尔指数等，学者往往根据研究视角和研究目的的需要，选择恰当的测度指标。虽然基尼系数也是反映收入差距的一种相对指标，但其是将总人口划分为不同的收入阶层，从不同收入阶层来求出总的收入差距，因而基尼系数所度量的是总的收入差距而并不是对城乡收入差距的准确度量，因此在探讨城乡收入差距的文献中，一般不考虑基尼系数测度方法。

　　每种测度指标均有一定的片面性。比如，城镇人均可支配收入与农村人均纯收入的绝对差值或比值指标并没有反映城乡人口所占比重的变化，在一定程度上忽略了长期以来农村人口所占比重一直处于绝对优势、城乡经济二元结构特征显著的中国经济现实，而在泰尔指数的计算中，恰恰考虑了城镇和农村人口结构的变化，弥补了前面两种指标的缺陷。本书的主要目的是分析公共支出对城乡收入差距的影响，同时考虑到中国经济的二元结构特征，因此，在对城乡居民收入差距指标的测度上，既选择城乡收入差距的绝对差值和比值指标，也选择泰尔指数测度指标。

　　（二）城乡收入差距的测度

　　城乡收入差距绝对差值的测度主要是以城镇人均可支配收入与农村人均纯收入的差值表示，差值越大，表明城乡收入差距就越大；城乡收入差距比值的测度主要以城镇可支配收入与农村人均纯收入的比值表示，比值越大，表明城乡收入差距就越大。两者的具体数据见表 4 - 1。

表 4 - 1　以差值和比值表示的 1978—2010 年中国城乡居民收入差距

单位：元

年份	城镇人均可支配收入	农村人均纯收入	差值	比值
1978	343. 400	133. 600	209. 800	2. 570
1979	387. 000	160. 200	226. 800	2. 416
1980	477. 600	191. 300	286. 300	2. 497
1981	491. 900	223. 400	268. 500	2. 202
1982	526. 600	270. 100	256. 500	1. 950
1983	564. 000	309. 800	254. 200	1. 821
1984	651. 200	355. 300	295. 900	1. 833
1985	739. 100	397. 600	341. 500	1. 859
1986	899. 600	423. 800	475. 800	2. 123
1987	1002. 200	462. 600	539. 600	2. 166
1988	1181. 400	544. 900	636. 500	2. 168
1989	1373. 900	601. 500	772. 400	2. 284
1990	1510. 200	686. 300	823. 900	2. 200
1991	1700. 600	708. 600	992. 000	2. 400
1992	2026. 600	784. 000	1242. 600	2. 585
1993	2577. 400	921. 600	1655. 800	2. 797
1994	3496. 200	1221. 000	2275. 200	2. 863
1995	4283. 000	1577. 700	2705. 300	2. 715
1996	4838. 900	1926. 100	2912. 800	2. 512
1997	5160. 300	2090. 100	3070. 200	2. 469
1998	5425. 100	2162. 000	3263. 100	2. 509
1999	5854. 020	2210. 300	3643. 720	2. 649
2000	6280. 000	2253. 400	4026. 600	2. 787
2001	6859. 600	2366. 400	4493. 200	2. 899
2002	7702. 800	2475. 600	5227. 200	3. 111

续表

年份	城镇人均可支配收入	农村人均纯收入	差值	比值
2003	8472.200	2622.200	5850.000	3.231
2004	9421.600	2936.400	6485.200	3.209
2005	10493.000	3254.900	7238.100	3.224
2006	11759.500	3587.000	8172.500	3.278
2007	13785.800	4140.400	9645.400	3.330
2008	15780.800	4760.600	11020.200	3.315
2009	17174.700	5153.200	12021.500	3.333
2010	19109.400	5919.000	13190.400	3.228

资料来源：根据历年《中国统计年鉴》数据加工整理而得。

泰尔指数的测度主要是以 Shorrocks（1980）的研究为基础，用来度量我国城乡收入差距的一种测度指标。在具体计算操作上我们借鉴了王少平和欧阳志刚（2007，2008）的方法，以 dis_t 表示 t 时期的泰尔指数，计算公式为：

$$dis_t = \sum_{j=1}^{2} \left(\frac{P_{jt}}{P_t}\right)\ln\left(\frac{P_{jt}}{P_t}\bigg/\frac{Z_{jt}}{Z_t}\right) = \left(\frac{P_{1t}}{P_t}\right)\ln\left(\frac{P_{1t}}{P_t}\bigg/\frac{Z_{1t}}{Z_t}\right) + \left(\frac{P_{2t}}{P_t}\right)\ln\left(\frac{P_{2t}}{P_t}\bigg/\frac{Z_{2t}}{Z_t}\right)$$

$$(4.1)$$

其中，$j=1$，2 分别表示城镇和农村地区，Z_{jt} 表示 t 时期城镇（$j=1$）或农村（$j=2$）人口数量，Z_t 表示 t 时期的总人口，P_{jt} 表示城镇（$j=1$）或农村（$j=2$）的总收入（用相应的人口和人均收入之积表示），P_{Mt} 表示 t 时期的总收入。可以看出，式（4.1）不但考虑了城镇居民和农村居民绝对收入的变化情况，同样也考虑了城镇和农村人口结构的变化情况。从这个角度来看，式（4.1）定义的泰尔指数更适合于度量我国城乡收入差距。具体计算出来的数据见表 4 - 2。

表 4 - 2　以泰尔指数表示的 1978—2010 年中国城乡居民收入差距

年份	泰尔指数	年份	泰尔指数	年份	泰尔指数
1978	0.0914	1989	0.0799	2000	0.1290
1979	0.0807	1990	0.0726	2001	0.1380
1980	0.0885	1991	0.0910	2002	0.1545
1981	0.0651	1992	0.1084	2003	0.1624
1982	0.0462	1993	0.1283	2004	0.1591
1983	0.0370	1994	0.1348	2005	0.1585
1984	0.0391	1995	0.1215	2006	0.1603
1985	0.0417	1996	0.1038	2007	0.1612
1986	0.0640	1997	0.1004	2008	0.1580
1987	0.0686	1998	0.1044	2009	0.1565
1988	0.0692	1999	0.1170	2010	0.1462

资料来源：根据历年《中国统计年鉴》数据加工整理而得。

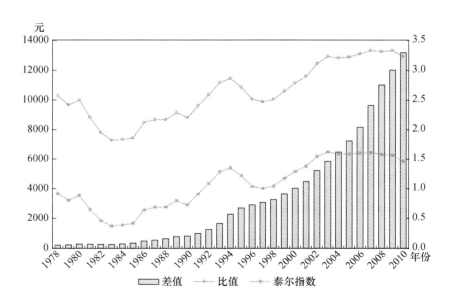

图 4 - 7　以差值、比值和泰尔指数表示的城乡收入差距

图 4-7 是上述差值、比值和泰尔指数①三种测度指标的趋势图，以比值来表示的城乡居民收入差距与以泰尔指数来表示的城乡居民收入差距的变化趋势几乎一致。从这个角度看，在城乡收入差距测度上，城乡人口结构变化因素影响并不是很大，原因有可能是人口结构的变化波动不大，但这不是本书的讨论重点。

二 城乡居民收入差距的历史变迁

（一）1978—2010 年城乡居民人均收入的变动趋势

从图 4-8 可以看出，虽然 1978—2010 年城镇人均可支配收入与农村人均纯收入均处于增长的趋势，但城镇人均可支配收入增加的幅度更为显著，且两者的缺口一直呈扩张的趋势，尤其是 20 世纪 90 年代中期以来，两者的差距尤为明显。

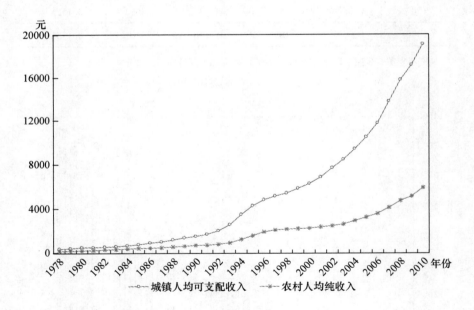

图 4-8　城镇与农村居民人均收入变动趋势

① 为了能在一张图中显示 3 种指标的走势，将泰尔指数在原计算值的基础上扩大了 10 倍。泰尔指数和比值对应的是右轴，差值对应的是左轴。

（二）1978—2010 年城乡居民收入差距的变动趋势

从图 4 - 9① 可以看出，城乡居民收入差距的变动轨迹与人均 GDP 的变动趋势几乎一致，也就是说，随着人均 GDP 的增加，城乡居民收入差距也同样在拉大。表明随着经济的增长，城镇居民人均可支配收入与农村人均纯收入之间的距离越拉越大。

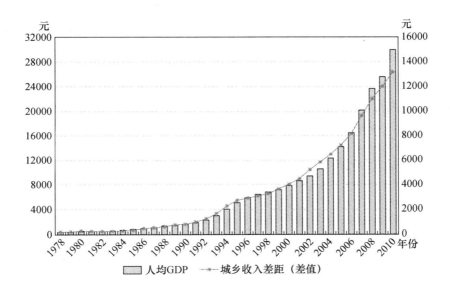

图 4 - 9　城乡居民收入差距与人均 GDP 的变动趋势

三　城乡居民收入差距来源结构变化趋势

根据国家统计局的分类，城镇家庭总收入来源主要包括家庭成员得到的工资性收入、经营性收入、财产性收入、转移性收入；对农村住户的总收入而言，按收入来源的性质同样划分为工资性收入、经营性收入、财产性收入和转移性收入。而城乡居民收入差距

---

① 人均 GDP 对应的是左轴，城乡居民收入差距（差值）对应的是右轴。

正是这四种收入差距的一种综合体现。① 下面我们首先了解城镇和农村居民收入来源构成的基本情况，然后再分析城镇居民和农村居民在工资性收入差距、经营性收入差距、财产性收入差距和转移性收入差距上的变动趋势，剖析四种收入差距在城乡居民收入差距中的表现情况。

（一）城镇居民人均总收入来源构成基本情况

图 4 – 10② 是 1985—2010 年中国城镇居民人均总收入及其来源构成的变动趋势。可以看出，在该期间城镇居民人均总收入一直处于增长趋势，在 2000 年之前基本保持着平稳的增长，而在此之后则进入快速增长的时期。城镇居民人均总收入的增长主要是工资性收入、经营性收入、财产性收入和转移性收入等的增长共同提高的结果。

但各项收入来源的构成比例差别很大。其中工资性收入所占比重最大，1985—2010 年平均所占比重为 74.705%，其次是转移性收入，平均所占比重为 19.906%，经营性收入和财产性收入所占比重较小，平均所占比重分别为 3.686% 和 1.702%。但从变动趋势上来看，虽然工资性收入所占比重最大，但呈平缓下滑的趋势，所占比重由 1985 年的 89.342% 下降到 2010 年的 64.272%，表明工资性收入在城镇居民总收入中所占份额逐渐下降；转移性收入所占比重的变动趋势虽有一定的反复，但从整个期间看呈增长趋势，由 1985 年的 8.797% 增加到 2010 年的 23.806%，表明城镇居民人均总收入中，转移性收入来源逐渐增加；经营性收入所占比重的变动趋势在整个期间一直保持着较快的增长趋势，由 1985 年的 1.362% 增加到 2010 年的 9.215%，表明城镇居民总收入中，来源于经营性的收入

① 这里所指的城乡收入差距是城镇居民人均总收入与农村居民人均总收入之间的差距，与上述城镇人均可支配收入与农村人均纯收入之间的差距在数据上不一致，但两者的变动趋势几乎一致，因此并不影响本书的研究目的。

② 城镇人均总收入对应的是左轴，工资性收入、经营性收入、财产性收入与转移性收入的比重对应的是右轴。

快速增加；财产性收入所占比重呈波动的态势，在1985—1998年呈
增长的趋势，1999—2003年呈下降的趋势，而在2004—2010年则
保持着增长的趋势，但总体而言，财产性收入在城镇居民总收入中
所占的比例一直都较小，不是主要的收入来源。

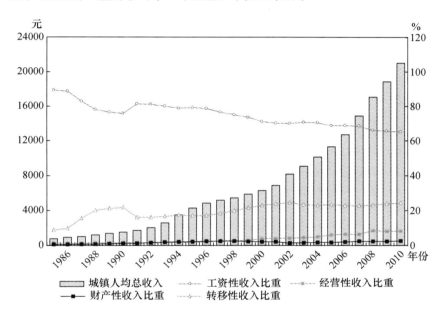

图4－10　1985—2010年中国城镇居民人均总收入及其
来源构成的变动趋势

（二）农村居民人均总收入来源构成基本情况

图4－11①是1985—2010年中国农村居民人均总收入及其来源
构成的变动趋势。在该期间农村居民人均总收入一直处于增长趋
势，但不同时期增长速度有明显的区别，1985—1993年和1996—
2003年农村居民人均总收入基本保持着比较平缓的增长趋势，在
2004—2010年则保持着较快的增长趋势。

农村居民人均总收入主要以经营性收入和工资性收入来源为主。

---

① 农村人均总收入对应的是左轴，工资性收入、经营性收入、财产性收入与转移性
收入的比重对应的是右轴。

尤其是经营性收入，1985—2010 年间平均所占比重为 74.592%，虽然经营性收入所占比重最大，但却呈平缓下滑的变动趋势，由 1985 年的 81.346% 下降到 2010 年的 60.81%，表明经营性收入在农村居民总收入中所占份额逐渐下降；工资性收入所占比重排序第二，1985—2010 年间平均所占比重为 19.942%，变动趋势在整个样本期间一直呈增长的趋势，所占比重由 1985 年的 13.191% 增加到 2010 年的 29.941%，表明农村居民总收入中，来源于工资性的收入快速增加。财产性收入和转移性收入所占比重较小，财产性收入从 1993 年起才有数据记录，两者所占比重平均分别为 4.322% 和 1.638%。

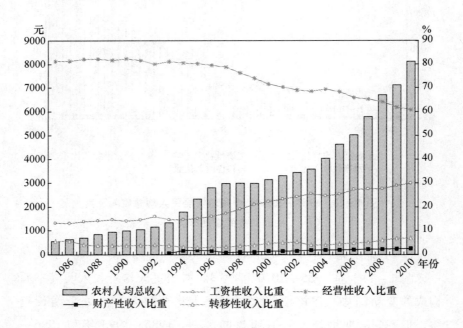

图 4 – 11　1985—2010 年中国农村居民人均总收入及其来源构成的变动趋势

（三）城乡居民收入差距来源构成基本情况

图 4 – 12 显示了 1985—2010 年中国城乡居民收入差距来源情况。很明显，城镇居民和农村居民的收入差距主要来源于工资性收入差距和转移性收入差距，有一小部分来源于财产性收入差距；而

经营性收入差距处于零轴下方，表明农村居民的经营性收入超过了
城镇居民的经营性收入，抵消了一部分由工资性收入、转移性收入
和财产性收入所带来的差距。从四种收入差距来源的变动趋势上
看，均保持着差距扩大的趋势。1985—2010 年，工资性收入差距由
596.900 元增加到 11276.63 元，转移性收入差距由 35.98 元增加到
4543.16 元，财产性收入差距由 3.78 元增加到 318.08 元，表明该
期间城乡居民收入绝对差距一直处于扩大的趋势主要是由这三种收
入差距共同作用的结果。城乡居民经营性收入差距由 1985 年的
-435.050元减少到 2010 年的 -3223.97 元，表明经营性收入来源
是农村居民超过城镇居民的唯一收入来源，同时经营性收入差距也
一直保持着扩大的趋势。但相对而言，工资性收入和转移性收入来
源上的差距远远大于经营性收入来源上的差距。

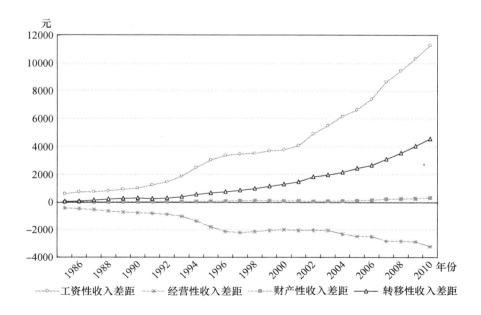

图4 -12　1985—2010 年中国城乡居民收入差距来源情况

因此，可以看出城乡居民收入的差距主要来源于城乡工资性收

入差距和转移性收入差距。简言之，城镇居民获得的工资性收入和
转移性收入远高于农村居民。

四 东部、中部、西部城乡居民收入差距变化趋势

图 4 - 13 是 1989—2010 年东部、中部、西部城乡居民收入差距
变化趋势图。东部、中部、西部地区城乡收入差距的变化趋势与全
国的基本一致。相对而言，东部地区城乡收入差距最低，其次是中
部地区，西部地区的城乡收入差距最大。与全国城乡收入差距平均
水平相比，东部地区和中部地区比全国的平均水平低，而只有西部
地区城乡收入差距水平高于全国的平均水平。可见，经济越发达的
地区其城乡收入差距水平就越低，相反则反之。而西部地区经济发
展水平相对最低，其城乡居民收入之间的差距最大。

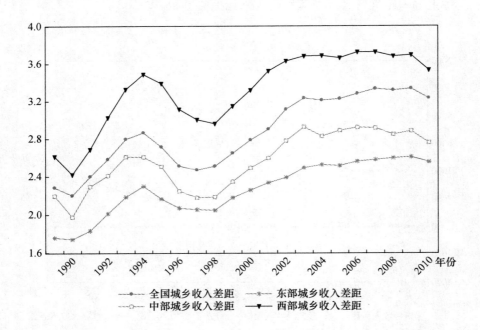

图 4 - 13　1989—2010 年东部、中部、西部城乡居民收入差距变化趋势

第三节　公共支出与城乡收入差距
之间关系的描述性分析

本书主要探讨公共支出对城乡收入差距的影响效应，因此，在上述分别对两者各自的变动特征进行分析归纳的基础上，本节着重分析公共支出与城乡收入差距之间的描述性关系。

一　公共支出与城乡收入差距绝对规模变动趋势基本一致

图 4-14[①]是 1978—2010 年公共支出规模和城乡收入差距（差值）的变动趋势，两者变动趋势基本一致，均呈扩大的变动趋势，也就是在公共支出规模扩大的同时，城乡收入差距也在扩大，相对而言，公共支出规模扩大的增长趋势较为平滑，城乡收入差距（差值）的趋势有一定的起伏。

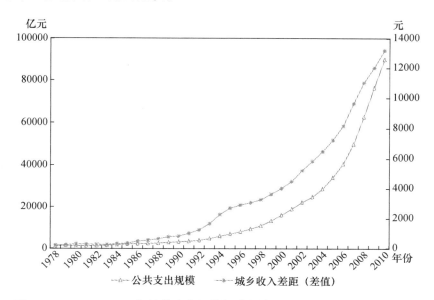

图 4-14　1978—2010 年公共支出规模与城乡收入差距（差值）的变动趋势

---

① 公共支出规模对应的是左轴，城乡收入差距（差值）对应的是右轴。

二 公共支出与城乡收入差距相对规模变化情况

图 4 - 15① 是 1978—2010 年公共支出占 GDP 比重与城乡收入差距（比值）变动趋势。结合两者的变动趋势，可以分成三个阶段。第一阶段为 1978—1983 年，公共支出占 GDP 比重与城乡收入差距均呈下降趋势。公共支出占 GDP 比重由 1978 年的 30.783% 下降为 1983 年的 23.639%；城乡收入差距由 1978 年的 2.57 缩小到 1983 年的 1.821。第二阶段是 1984—1994 年，公共支出占 GDP 比重与城乡收入差距变动趋势呈相反的走势。这阶段公共支出依然延续第一阶段下滑的趋势，占 GDP 比重由 1984 年的 23.599% 下降到 1994 年的 12.018%；相反的是，城乡收入差距转变为扩大的趋势，由 1984 年的 1.833 扩大到 1994 年的 2.863。第三阶段为 1995—2010 年，公共支出占 GDP 比重和城乡收入差距几乎都呈扩大的趋势。这阶段

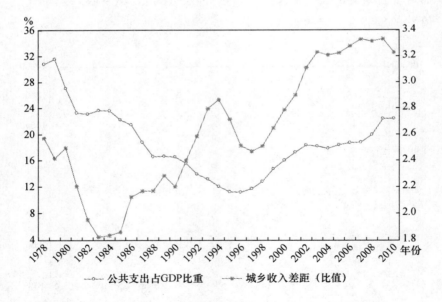

图 4 - 15　1978—2010 年公共支出占 GDP 比重与城乡收入
差距（比值）基本趋势

---

① 公共支出占 GDP 的比重对应的是左轴，城乡收入差距（比值）对应的是右轴。

公共支出占 GDP 的比重一直处于上升的趋势，由 1995 年的
11.224% 增加到 2010 年的 22.401%；城乡收入差距除了 1995 年、
1996 年和 1997 年这 3 年处于缩小的状态外，其余年份到 2010 年均
处于差距扩大的趋势，尤其是 1997—2003 年，差距扩大的幅度非常
大，由 1997 年的 2.469 扩大到 2003 年的 3.231，之后的几年中扩
大的走势趋向平缓，2009 年城乡收入差距达到最高点的 3.333，虽
然 2010 年下降为 3.228，但差距依然处于高位。

三　公共支出与城乡居民收入差距来源变化情况

图 4 - 16[①] 是公共支出与城乡居民收入差距来源的变化趋势情
况。可以看出公共支出规模逐年增加的时候，城乡居民的工资性收
入差距、转移性收入差距呈上升的趋势，经营性收入差距呈下降趋
势，财产性收入差距虽然也呈上升趋势，但相对其他 3 个变量来说，

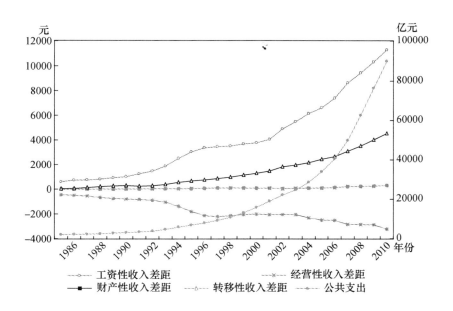

图 4 - 16　公共支出与城乡居民收入差距来源的变化趋势

----

① 公共支出对应的是右轴，收入差距来源变量对应的是左轴。

其变动的绝对量较小。

根据上述描述性分析，整个样本期间公共支出绝对规模与城乡收入差距，以及差距主要来源之间的变动趋势较为简单，但公共支出占 GDP 比重与城乡收入差距之间的变动趋势较为复杂，既有"公共支出与城乡收入差距均呈下降趋势"的时期，也有"公共支出占GDP 比重下降而城乡收入差距扩大的相反变动趋势"的阶段，更有"公共支出占 GDP 比重和城乡收入差距几乎都呈扩大的趋势"的阶段。可见，单纯从两者的变动趋势难以判断出它们之间的深层次关系和内在规律。

第四节　本章小结

在公共支出上，总规模和结构子项的规模都呈增长的趋势。但在中央与地方支出结构比重上，地方公共支出所占比例扩大，中央公共支出所占比重缩小；在支出功能和用途上，各项支出所占的比重有收敛趋势，经济建设支出所占比重呈下滑趋势，而一般公共服务支出、教育支出、科学技术支出、医疗卫生支出、社会保障支出和农林水事务支出所占比重呈上升趋势。

城镇居民人均总收入的来源主要以工资性收入和转移性收入为主，经营性收入和财产性收入为辅；相反，农村居民人均总收入来源主要以经营性收入和工资性收入为主，转移性收入和财产性收入为辅。农村居民除了经营性收入超过城镇居民外，其他三类收入来源都远远低于城镇居民。很明显，城乡居民收入差距主要来源于城乡居民工资性收入差距和城乡居民的转移性收入差距，有小部分来源于财产性收入差距。换言之，城乡居民收入差距主要表现为城乡居民工资性收入差距和城乡居民的转移性收入差距。在区域上，城乡收入差距水平最高的是西部地区，远高于全国水平，其次是中部和东部，这两个地区的城乡收入差距水平均低于全国的水平。

　　在公共支出与城乡收入差距两者的变动趋势关系上，描述性分析分析显示两者既有相同走势的阶段，也有相反走势的阶段。因此，单纯从数据表面的变动趋势难以分析出两者的内在联系。

第五章 公共支出规模对城乡收入差距影响的实证研究

上一章基于中国的经济现实描述了公共支出规模与结构的历史演进趋势、城乡居民收入差距的变动趋势和主要来源，以及公共支出与城乡居民收入差距两者在数据变动上的直观关系。从两者数据变动的趋势来看，发现在公共支出的结构和内容上都与城乡居民收入差距的扩大有关系。但鉴于理论上公共支出对收入差距的影响机制的复杂性，单纯从数据变动趋势上的描述性统计分析，是难以发现和准确把握公共支出对城乡收入差距影响的经济效应和内在规律的。因此，本书采用前沿的计量方法实证检验公共支出对城乡收入差距的影响并做出解释。

第一节　引言

从根本上说，中国城乡居民收入差距的持续扩大现象不是独立存在的，从表面上看，收入差距扩大是城镇居民与农村居民收入上的差距拉大，但从根源性上看，城乡收入差距扩大实际上是各种国民收入分配政策失衡，尤其是政府在公共财政政策制定上对城市过多侧重的外在表现。换言之，政府公共支出政策与城乡收入差距变动相互关联，城乡居民收入差距扩大的根源应该从政府公共支出的规模和内部结构性问题中发现。公共支出规模体现的是政府公共服务供给的基本状况和政府对市场经济的干预力度。根据国际宏观经济走势和本国宏观经济运行状况及社会发展的需要，政府会审时度势地调节公共支出规模的大小，因此，公共支出规模的大小所导致的宏观经济效应会有所不同。公共服务供给规模和政府对市场干预力度的大小同样会对城镇和农村产生不同经济效应，进而导致城乡居民的收入不管是从量上，还是从来源上都会有所差异。因此，本章主要从支出规模的视角实证分析公共支出总规模对城乡收入差距的影响。

第二节 公共支出总规模对城乡收入差距影响的实证分析

国内外大量文献表明，公共财政支出与国民经济宏观变量间客观存在复杂的联系和影响传导机制。除了直接对城镇与农村居民的收入水平可能产生影响外，公共支出有可能还会通过对如经济增长、就业、通货膨胀等宏观经济变量的影响进而影响到城乡居民的收入水平。因此本节试图通过将一些宏观经济变量纳入同一个分析框架下来进行考察公共支出对城乡收入差距的影响。

一 公共支出总规模与城乡收入差距的描述性分析

图 5 - 1① 显示了 1978—2010 年公共支出规模与城乡收入差距的变动趋势。可以看出，整个样本期间公共支出规模的走势比较简单，1978—1995 年公共支出规模呈下降的趋势，1996—2011 年呈上升的趋势。而城乡收入差距的变动趋势较为复杂，1978—1983 年和 1994—1997 年这两个阶段收入差距呈缩小态势，1984—1994 年阶段和 1996—2009 年阶段收入差距呈扩大的趋势，2010 年和 2011 年收入差距有所下降，但依然处于高位，是否形成下滑趋势，情况

---

① 公共支出规模以公共支出占 GDP 的比重表示，图中对应的是左轴；城乡收入差距以城镇居民人均可支配收入与农村居民人均纯收入的比值来表示，对应的是右轴。

较为复杂，难以预测。但就整体而言，自改革开放以来，城乡收入
差距属于扩大的趋势。从公共支出规模和收入差距变动趋势来观察
两者的关系，在1978—1995年公共支出规模呈下降趋势期间，城乡
收入差距既有缩小趋势的阶段，也有扩大趋势的阶段；而在1996—
2011年公共支出呈上升的趋势期间，城乡收入差距除了2010年和
2011年外，其余年份均呈扩大的态势。

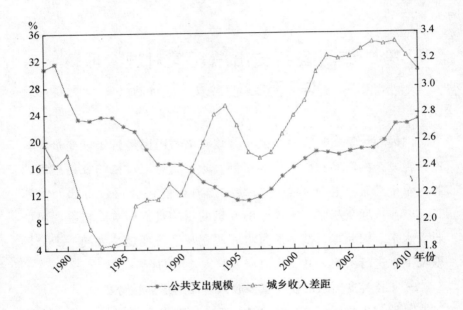

图 5 - 1 公共支出规模与城乡收入差距的变动趋势

公共支出作为重要的收入再分配手段，根据其与城乡居民收入
差距的变动趋势，公共支出与城乡收入差距有何联系？如何理解中
国公共支出对城乡收入差距会产生何种影响？可见，单从数据变动
本身难以把握两者之间的关系。因此，需要进一步地采用计量方法
来实证分析两者之间的关系。

二 模型设定与数据来源

本节的目的主要在于实证检验中国公共支出规模对城乡收入差

距的影响，考虑到公共支出可能通过对经济增长、就业、通货膨胀和城镇化等宏观经济变量产生影响进而影响城镇居民和农村居民的收入水平进而影响城乡收入差距，因此，为防止忽略重要的相关变量对实证结果的影响，我们使用包括经济增长、就业、通货膨胀和城镇化变量在内的 6 变量系统来建立计量模型。

令 $Z_t = (GAP_t, PE_t, Y_t, EMPL_t, INF_t, URB_t)'$。其中，$GAP_t$ 表示城乡居民收入差距，以城镇居民人均可支配收入与农村居民人均纯收入的比值来表示；PE_t 表示公共支出规模，以经过居民消费价格指数调整的公共支出占 GDP 的比重来表示；Y_t 表示经济增长，以国内生产总值的对数值来表示；$EMPL_t$ 表示就业，以全国就业人数的对数值来表示；INF_t 表示通货膨胀，以 1978 年为基年的通货膨胀指数来表示；URB_t 表示城镇化率，以城镇人口占总人口的比重来表示。本计量模型样本区间为 1978—2010 年，各变量的所有数据均来自历年《中国统计年鉴》，所有检验均使用 Eviews 7.2 软件。

三　实证检验

（一）单位根检验

首先对 $Z_t = (GAP_t, PE_t, Y_t, EMPL_t, INF_t, URB_t)'$ 模型的各个变量进行 ADF 单位根检验。检验的最佳滞后阶数的确定根据施瓦茨信息准则（Schwarz Information Criterion，SIC）来选择：SIC 值越小，则滞后阶数越佳。根据表 5-1 检验结果可见，GPA_t、PE_t、Y_t、$EMPL_t$、INF_t、URB_t 经过一阶差分平稳，均为 I（1）过程。

上述 6 个变量皆为一阶单整 I（1）过程，则模型变量间的线性组合就有可能存在协整的（Co - integrated）关系。通常检验一阶单整变量之间是否存在协整关系的常用方法是 Engle - Granger 两步法和 Johansen 检验法，由于 Engle - Granger 两步法在处理小样本时的估计有偏差，故本节采用 Johansen 检验法对 $Z_t = (GAP_t, PE_t, Y_t, EMPL_t, INF_t, URB_t)'$ 进行协整检验。

表 5 – 1　　　　　　　　　　模型变量单位根检验结果

变量	水平检验结果			一阶差分检验结果		
	检验形式 (C, T, L)	ADF 值	P 值	检验形式 (C, T, L)	ADF 值	P 值
GAP_t	(C, 0, 1)	− 1.115	0.697	(C, 0, 0)	− 3.477	0.0156 **
PE_t	(C, T, 7)	− 3.431	0.070	(C, T, 0)	− 5.193	0.0011 **
Y_t	(C, 0, 4)	− 0.741	0.8202	(C, 0, 3)	− 3.567	0.013
$EMPL_t$	(C, 0, 0)	− 2.720	0.082	(C, 0, 0)	− 4.818	0.001
INF_t	(C, 0, 2)	− 0.269	0.918	(C, 0, 1)	− 3.145	0.034
URB_t	(C, T, 1)	− 0.543	0.976	(C, T, 0)	− 3.426	0.066 *

注：（1）单位根的检验形式中的 C 和 T 表示带有常数项和趋势项，L 表示滞后阶数；
（2）**和 * 分别表示显著水平为 5% 和 10% 的临界值。

（二）协整检验

协整检验前，首先对 $Z_t = (GAP_t, PE_t, Y_t, EMPL_t, INF_t, URB_t)'$ 进行向量自回归（VAR）模型最佳滞后阶数的选择，我们首先从较大的滞后阶数开始，通过对应的 LR 值、FPE 值、AIC 值、SC 值、HQ 值来选择。考虑到数据模型样本区间的限制，最大滞后阶数从 $k = 2$ 开始，并根据表 5 – 2 的估计结果选择最佳滞后阶数为 2。

表 5 – 2　　　　　水平向量自回归模型的最佳滞后阶数检验结果

滞后阶数	LogL	LR 值	FPE 值	AIC 值	SC 值	HQ 值
0	− 102.1071	NA	4.31e − 05	6.9746	7.2521	7.0651
1	216.0240	492.5901	5.62e − 13	− 11.2273	− 9.2845	− 10.5940
2	282.7407	77.4775 **	1.03e − 13 **	− 13.2090 **	− 9.6009 **	− 12.0329 **

注：** 表示被标注的数值所在行对应的滞后阶数即为该数值所在列的检验标准推荐的最佳滞后阶数。4 个检验标准分别是：修正的 LR 检测统计值（5% 水平）、最终预测误差、Schwarz 信息量，以及 Hannan – Quinn 信息量。

在 VAR 模型最佳滞后阶数 $k = 2$ 的情况下，假设协整方程含截距项而不含时间趋势项，对 $Z_t = (GAP_t, PE_t, Y_t, EMPL_t, INF_t, URB_t)'$ 进行 Johansen 的特征根协整检验，检验结果显示拟检验的变量之间在 1% 显著性水平上存在多个协整关系。本书根据研究需要选择第一个协整关系建立误差修正模型（VECM）来表达变量之间的线性关系，对应的协整方程为（括号内为 t 值）：

$$GAP_{t-1} = -0.1143PE_{t-1} - 5.9060Y_{t-1} + 1.0574EMPL_{t-1}$$
$$(-7.9580) \qquad (-11.7304) \qquad (1.9299)$$
$$+ 2.7481INF_{t-1} + 0.4224URB_{t-1} + 31.5634 \qquad (5.1)$$
$$(10.6967) \qquad (13.1084) \qquad (3.8095)$$

根据方程（5.1）显示，协整方程中城乡收入差距、公共支出规模、经济增长、就业、通货膨胀和城镇化等变量的估计参数均非常显著，表明协整方程的变量之间存在长期稳定的均衡关系。公共支出规模、经济增长对城乡收入差距的影响呈显著的负相关效应，表明长期内公共支出规模增加、经济增长水平的提高会有助于城乡收入差距的缩小。就业、通货膨胀和城镇化对城乡收入差距的影响呈正相关效应，表明就业数量提升、通货膨胀水平和城镇化水平的提高均会扩大城乡居民之间的收入差距。

（三）误差修正模型（VECM）及其稳定性检验

协整方程（5.1）的误差项以 EC_t 代表，则 ΔGAP_t（$\triangle$ 表示一阶差分）的向量误差修正模型（VECM）方程为（括号内为对应估计参数的 t 值）：

$$\Delta GAP_t = -0.2690EC_t + 1.0086\Delta GAP_{t-1} + 0.3278\Delta GAP_{t-2} + 0.0406\Delta PE_{t-1}$$
$$(-3.1546) \quad (3.2081) \qquad (1.9408) \qquad (2.9478)$$
$$- 0.0342\Delta PE_{t-2} + 4.2076\Delta Y_{t-1} - 2.0864\Delta Y_{t-2} - 0.2901\Delta EMPL_{t-1}$$
$$(-1.4975) \quad (3.9313) \quad (-1.8935) \qquad (-0.3766)$$
$$+ 0.1482\Delta EMPL_{t-2} - 1.0870\Delta INF_{t-1} + 1.1398\Delta INF_{t-2}$$
$$(0.2017) \qquad (-3.6212) \qquad (2.5841)$$

$$-0.2049\Delta URB_{t-1}+0.1367\Delta URB_{t-2}$$

$$(-3.1596) \qquad (2.0893) \qquad\qquad (5.2)$$

式（5.2）的误差修正模型（VECM）估计结果显示，协整方程的估计系数为 - 0.2690，经检验在 1% 的显著水平上拒绝零假设，调整方向符合误差修正机制，可以保持并自动地调节城乡收入差距与公共支出、经济增长、就业、通货膨胀和城镇化之间的长期均衡关系。

对误差修正模型进行整体稳定性诊断检验，自相关检验和 White 无交叉项异方差检验均显示不存在自相关和异方差。误差修正模型稳定性检验（见图 5 - 2）显示 VECM 的模型的单位根均落在单位圆以内，上述误差修正模型的稳定性条件得以满足。因此，根据误差修正模型得出的 Granger 因果关系检验、脉冲响应函数和方差分解结果是稳健、可靠的。

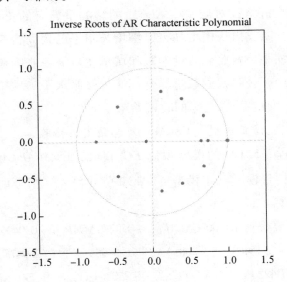

图 5 - 2　误差修正模型稳定性检验

（四）Granger 因果关系、广义脉冲响应函数与方差分解

Granger 因果关系。表 5 - 3 显示在短期内，1% 显著性水平下公

共支出规模是城乡收入差距的 Granger 因，而城乡收入差距是公共支出规模的非 Granger 因；经济增长是城乡收入差距的 Granger 因，而城乡收入差距是经济增长的非 Granger 因；就业与城乡收入差距在短期内相互间不存在 Granger 因果关系；通货膨胀是城乡收入差距的 Granger 因，而城乡收入差距是通货膨胀的非 Granger 因；城镇化与城乡收入差距之间短期内存在相互的 Granger 因果关系。整体而言，因果关系检验结果显示了公共支出、经济增长、通货膨胀和城镇化的变动是导致城乡收入差距变化的最主要原因。

表 5 - 3　　　　　　　　因果关系检验结果

零假设	χ^2 值		P 值	结论
PE_t 不是 GAP_t 的 Granger 因	10. 1205	2	0. 0063 ***	拒绝
GAP_t 不是 PE_t 的 Granger 因	0. 7008	2	0. 7044	接受
Y_t 不是 GAP_t 的 Granger 因	16. 9588	2	0. 0002 ***	拒绝
GAP_t 不是 Y_t 的 Granger 因	3. 5052	2	0. 1733	接受
$EMPL_t$ 不是 GAP_t 的 Granger 因	0. 2036	2	0. 9032	接受
GAP_t 不是 $EMPL_t$ 的 Granger 因	3. 1642	2	0. 2055	接受
INF_t 不是 GAP_t 的 Granger 因	13. 3304	2	0. 0013 ***	拒绝
GAP_t 不是 INF_t 的 Granger 因	0. 3312	2	0. 8474	接受
URB_t 不是 GAP_t 的 Granger 因	10. 1663	2	0. 0062 ***	拒绝
GAP_t 不是 URB_t 的 Granger 因	6. 6386	2	0. 0362 **	拒绝

注：***表示显著水平为 1% 的临界值。

广义脉冲响应函数。由于误差修正模型的估计系数难以理解，Granger 因果关系检验结果只显示了公共支出、经济增长、通货膨胀和城镇化的变动是导致城乡收入差距变化的最主要原因，但影响方向却不明确。因此，可根据脉冲响应函数来显示短期内城乡收入差距变量受公共支出规模扩大、经济增长、就业水平提升、通货膨胀、城镇化特定冲击后的动态反应行为。由于脉冲响应函数的结果对解释变量在计量模型中的排序十分敏感，不同的排序，其脉冲响应函数结果会有差异。因此，我们采用 Pesaran 和 Shin（1998）提出的可以得出唯一脉冲响应函数曲线的广义脉冲响应函数法（Generalized Impulses）。图 5 - 3—图 5 - 8 是在误差修正模型的基础上，城乡收入差距在受到公共支出规模扩大、经济增长、就业、通货膨胀、城镇化等因素扰动时的变动趋势的广义脉冲响应函数曲线。

图 5 - 3 显示城乡收入差距受到一个单位正向标准差的自身冲击后，冲击效应为正，表明城乡收入差距的扩大有一种惯性，如果不加以调节，城乡收入差距会越来越大，从侧面也说明城乡收入差距的调节是一个长期的过程。

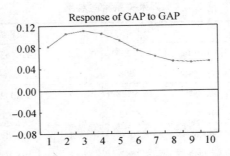

图 5 - 3　城乡收入差距受自身冲击后的广义脉冲响应函数曲线

图 5 - 4 显示城乡收入差距受到一个单位正向标准差的公共支出（PE）冲击后，在 1—5 期内冲击效应为正，之后冲击效应为负，表明公共支出规模的扩大将首先导致城乡收入差距的扩大，一定时期后会有利于城乡收入差距的缩小。

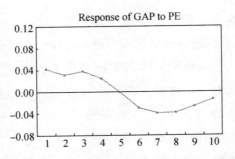

图 5 - 4　城乡收入差距受公共支出冲击后的广义脉冲响应函数曲线

　　图 5 - 5 显示城乡收入差距受到一个单位正向标准差的经济增长
冲击后，冲击效应为正，表明经济增长的提升会促进城乡收入差距
的扩大。换言之，经济增长越快，城乡收入差距就会有加速的态势
出现。

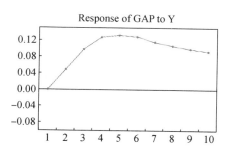

图 5 - 5　城乡收入差距受经济增长冲击后的广义脉冲函数曲线

　　图 5 - 6 显示城乡收入差距受到一个单位正向标准差的就业水平
增长冲击后，在第一个时期内冲击效应为负，之后大部分时期内冲
击效应为正。表明在大部分时期内就业水平的提升将促进城乡收入
差距的扩大。

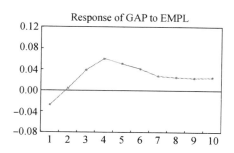

图 5 - 6　城乡收入差距受就业水平冲击后的广义脉冲函数曲线

　　图 5 - 7 显示城乡收入差距受到一个单位正向标准差的通货膨胀
冲击后，在前两个时期内冲击效应为负，之后大部分时期内冲击效

应为正。表明通货膨胀初期有助于缩小城乡收入差距，但一段时期后会导致城乡收入差距的扩大。

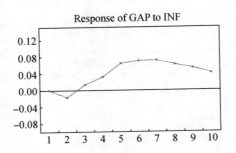

图 5-7　城乡收入差距受通货膨胀冲击后的广义脉冲函数曲线

图 5-8 显示城乡收入差距受到一个单位正向标准差的城镇化水平提升冲击后，在前两个时期内冲击效应为负，之后大部分时期内冲击效应为正。表明城镇化水平提升的初期会有助于城乡收入差距的缩小，但之后的大部分时期内将导致城乡收入差距的扩大，也就是城镇化进程的加快会拉大城乡收入差距。

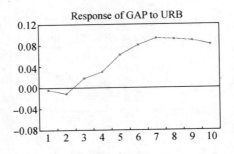

图 5-8　城乡收入差距受城镇化水平提升冲击后的广义脉冲函数曲线

方差分解。基于上述误差修正模型，进行城乡收入差距的不同预测期限预测误差的方差分解，来考察其方差被各变量所解释的贡献度，结果见表 5-4。

表 5 - 4　　　　　　　　　　　城乡收入差距的方差分解

时期	S. E.	GAP_t	PE_t	Y_t	$EMPL_t$	INF_t	URB_t
1	0.0818	100.0000	0.0000	0.0000	0.0000	0.0000	0.0000
2	0.1474	82.0120	3.3184	11.0138	1.4381	1.3552	0.8625
3	0.2107	67.9203	2.7690	26.9272	0.8413	1.0429	0.4993
4	0.2723	55.6799	3.2753	37.9708	0.5447	1.9951	0.5342
5	0.3310	45.5966	5.1804	41.6559	0.9031	5.0985	1.5655
6	0.3834	37.7657	8.1890	42.2591	1.9019	7.1576	2.7267
7	0.4277	32.5390	10.4359	41.2370	3.3131	8.5125	3.9626
8	0.4617	29.2799	11.7556	40.6940	4.3586	9.0728	4.8390
9	0.4881	27.3351	12.1603	40.4877	5.1806	9.2941	5.5422
10	0.5085	26.3117	12.1271	40.6445	5.6953	9.2059	6.0155

表 5 - 4 显示，在城乡收入差距的波动中，有 0 到 12.16 的波动可以由公共支出解释，有 0 到 42.26% 的波动可以由经济增长解释，有 0 到 5.70% 的波动可以由就业的波动解释，有 0 到 9.29% 的波动可以由通货膨胀的波动解释，有 0 到 6.01% 的波动可以由城镇化的波动解释，其余部分的波动为 26.31% 到 100%，可以由城乡收入差距自身的波动解释，可以理解为惯性（Inertial）的作用，表明城乡收入差距的调整不是一个短期的过程。

从方差分解结果的整体来看，除了城乡收入差距对自身波动的解释外，上述经济变量对城乡收入差距的影响均处于上升的趋势，均是影响城乡收入差距的重要因素。对收入差距 GAP_t 的冲击效应大小依次为经济增长 Y_t、公共支出 PE_t、通货膨胀 INF_t、城镇化 URB_t 和就业 $EMPL_t$，反映经济增长、公共支出是影响城乡收入差距的最重要的因素。

四　实证结果的解释

根据上述体现变量间长期关系的协整方程的结果，以及体现变量间短期关系的 Granger 因果关系、广义脉冲响应函数与方差分解的结果，本节结合中国的基本经济现实，对该结果作出解释。

（1）公共支出规模是城乡收入差距的主要影响因素，在短期内会扩大城乡收入差距，而长期则会缩小城乡收入差距。公共支出规模扩大是导致城乡居民收入出现差距和差距持续扩大的主要因素，这与许多学者得出的研究结论一致，主要原因在于：中国长期以来的城乡分割和城市偏向的发展政策导致公共财政支出主要向城镇倾斜，大部分公共服务只限于覆盖城镇区域。因此，城镇居民除了工资收入外，获得的各种公共服务和社会国家福利的机会远远多于农村居民；而很大一部分农村居民的收入仅仅局限于农作物的收成上，从而导致城镇居民的收入水平远远高于农村居民，进而出现城乡收入差距不断扩大的趋势。但随着城镇公共服务和基础设施的逐渐完善，政府和社会各界意识到城乡间公共服务差距有扩大的趋势，因此政府在党的十八大上提出了"城乡基本公共服务均等化"的发展战略目标，政府公共支出范围逐渐扩大到农村区域，逐步倾向于农村基本公共服务和农村基础设施的投资建设上，农村居民获得公共服务和社会福利的机会逐步增加，因此，有利于缩小与城镇居民的收入差距。

（2）经济增长作为城乡收入差距的最主要影响因素，在短期内会扩大城乡收入差距，而长期则会改善城乡收入差距。根据第三章的"公共支出对城乡收入差距影响"的传导机制，在本章实证模型中，我们可以理解为公共支出通过经济增长来间接影响城乡居民的收入水平，在短期内会扩大城乡收入差距，表明了我国改革开放以来，公共支出主要倾向于支持促进城镇的经济发展，而在一定程度上忽略了农村发展需要，从而导致城镇经济增长的速度远远高于农村地区的增长速度，城镇居民获得的收入远远超过农村居民，从而导致城乡收入差距的扩大。但根据边际效用递减规律，随着城镇经济增长达到一定程度，公共支出对城镇经济增长的边际效应会趋于减缓甚至下降。相对而言，农村属于欠发达区域，在其他情况相同的条件下，对城镇和农村相同的公共支出在农村产生的经济增长效应将大于在城镇的效应，因此从这个方面讲，长期而言公共支出是有利于缩小城乡居民收入差距的。

（3）就业、通货膨胀和城镇化也是城乡收入差距的影响因素，大部分时期内均会扩大城乡收入差距。根据第三章"公共支出通过对就业、通货膨胀和城镇化的影响进而影响城乡收入差距"的传导机制，公共支出扩大会增加就业的机会、提升通货膨胀水平和城镇化水平，从而间接扩大城乡居民收入差距。其主要原因在于：

首先，为提高社会就业机会和改善就业环境而增加的公共支出，往往是在城镇区域范围内展开的，因此，相对农村居民而言，更有利于城镇居民获得更好的就业机会和更有利的就业环境。

其次，中国的通货膨胀"不仅是一个货币现象，也是一个财政现象"。因此，公共支出规模的逐年扩大，在一定程度上提升了通货膨胀水平和物价水平。通货膨胀的出现，对于城镇居民和农村居民而言，他们所受到的冲击通常来自农产品和工业品价格的波动。而根据发展经济学的观点，在发展中国家的工业化发展过程中，导致农产品价格波动的因素是工业品的价格波动，因此，城镇居民和农村居民所受到通货膨胀的冲击影响是不一致的。在我国长期处于工业强势、农业弱势发展的情况下，以及长期工农产品价格之间的"剪刀差"问题长期积累，因此，通货膨胀造成工业品价格上涨幅度明显高于农产品价格的上涨幅度，相对而言有利于城镇居民的收入增长，从而会扩大城乡居民收入差距。

最后，城镇化是扩大城乡收入差距的主要因素，主要在于城镇化中倾向于城市建设与发展的公共财政支出政策，这与许多学者的研究结论相一致。因此，公共支出规模的扩大，会有助于城镇化进程的加快和城市的发展。相对而言，城镇居民从中获得的正效应要比农村居民大，从而会扩大城乡收入差距。

（4）公共支出存在对城乡收入差距影响的直接与间接传导机制。从上述结果可以看出，除了公共支出直接对城乡收入差距产生影响外，也可能存在公共支出通过对经济增长、就业、通货膨胀和城镇化等变量的影响进而间接影响到城乡收入差距。

五 本节小结

本节在六变量的框架内实证检验了我国公共支出规模与城乡收入差距之间的关系，结果显示公共支出、经济增长、通货膨胀、城镇化和就业均是城乡收入差距的影响因素；公共支出规模增加与经济增长水平提高短期内会扩大城乡收入差距，而长期则会有助于改善城乡收入差距的扩大趋势；在大部分时期内通货膨胀、城镇化和就业水平的提高均会扩大城乡居民之间的收入差距；公共支出对城乡收入差距影响存在直接与间接的传导机制。

第三节 地方公共支出规模对城乡收入差距影响的实证分析

上一节从全国的视角，采用时间序列模型在城乡收入差距与公共支出等多个变量的框架内实证分析了中国公共支出总规模对城乡收入差距的影响，发现公共支出规模的扩大在短期内是导致城乡收入差距扩大的主要因素之一，长期则有改善城乡收入差距的影响效应。从我国财政分权的情况来看，中国财政支出一直分为中央财政支出和地方财政支出。换言之，全国公共支出主要由中央公共支出和地方公共支出构成。根据上述实证结论能否推断出中央与地方公共支出规模的增加也是影响城乡收入差距的主要因素，并从中获得同样的政策启示？这是值得本书探讨的问题。

改革开放以来，在支出的绝对规模上，中央与地方公共支出呈不断扩大的趋势；而在结构上，大部分年度尤其是近10多年地方公共支出所占比例呈扩大的趋势，中央公共支出所占比重呈缩小的态势。比如，2009—2011年地方政府公共支出占全国公共支出的比重分别为80%、82.2%和84.9%。在支出用途上，关系到居民民生公共支出方面上，地方政府公共教育支出占全国教育支出的比重为93.9%左右，地方社会保障支出占全国总保障支出的比重为95.5%

左右。① 中央公共财政支出主要集中在国防、外交等方面上，而地方政府公共支出几乎承担了除国防、外交以外的大部分公共支出。基于中央与地方公共支出所占比重的经济事实，相对而言，分析地方公共支出规模对城乡收入差距的影响更有意义和有针对性。

从现有的文献来看，有关地方公共支出规模对城乡收入差距影响的实证研究主要集中在全国省际面板数据的检验分析上，但都偏向于某一类公共支出对城乡收入分配的影响上，比如公共教育支出、公共交通设施建设、社会保障支出、医疗卫生支出等。而以整个地方公共支出规模，将全国划分为东部、中部、西部三大区域来进行实证检验的则很少见。在检验方法的选择上，主要是静态面板的检验，而以动态面板协整与面板误差修正模型的方法来检验的几乎没有。为了考虑不同区域间的经济现实差距较大、公共支出的目标会有所不同，可能对城乡收入差距的影响会有所不同，因此，本节不仅采用全国省际面板数据来实证分析公共支出规模对城乡收入差距的影响，而且也采用东部、中部、西部三大区域的面板数据进行分析。同时考虑到不同检验方法带来的检验结果可能有所不一致，从而导致实证结论的信服力不强，因此，本节的实证分析中既采用静态面板检验方法，也采用动态面板检验方法，并对两者结果进行对比分析。

一 地方公共支出规模与城乡收入差距的描述性分析

图 5 - 9 是全国、地方公共支出规模与城乡收入差距的变动趋势。其中全国与地方公共支出规模以全国与地方公共支出占 GDP 的比重表示，对应的是左轴；城乡收入差距以城镇居民与农村居民收入比值来表示，对应的是右轴。② 从全国和地方公共支出规模的变动态势来看，两者的变动趋势表现出极大的相似性。因此，从整体上看，地方公共支出变动趋势可以分成两个阶段。一是 1978—1995

---

① 来自《中国统计年鉴》（2012）。
② 来自历年《中国统计年鉴》。

年地方公共支出规模呈下滑趋势。虽然 1981—1985 年这一时期地方公共支出有小幅度的上升趋势，但上升趋势并不十分明显，整体上看这一阶段主要呈下滑趋势，占 GDP 的比重由 16.18% 下降到 1995年的 7.94%。二是 1996—2010 年地方公共支出规模呈上升趋势，占 GDP 的比重由 8.13% 上升到 2010 年的 18.42%。

对城乡收入差距而言，在地方公共支出占 GDP 比重下降、上升两个时期内，经历了 1978—1983 年和 1994—1997 年的下滑阶段、1983—1994 年和 1997—2010 年的上升阶段。

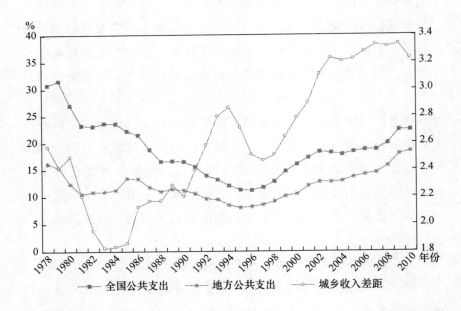

图 5-9 全国、地方公共支出规模与城乡收入差距的变动趋势

二 模型设定、数据与检验方法

(一) 模型设定

在研究公共支出规模与城乡收入差距关系相关文献的基础上，结合中国的实际情况，本节建立以下实证模型：

$$Y_{it} = \mu_{it} + \delta_i X_{it} + \varepsilon_{it} \tag{5.3}$$

上述模型中，Y_{it} 表示 i 省（直辖市）t 年的城乡收入差距；X_{it} 表示 i 省（直辖市）t 年的公共支出规模；μ_{it} 表示各面板单位的协整关系中存在不同的固定效应；δ_i 表示各面板单位中的协整系数；ε_{it} 表示误差项。

我们采用 Blackburne 和 Frank（2007）的面板误差修正模型检验方法（xtpmg）来构建地方公共支出规模与城乡收入差距的面板误差修正模型，并进行检验。根据 Blackburne 和 Frank（2007）的思路，动态面板的自回归分布滞后模型 autoregressive distributive lag（ARDL）的基本形式如式（5.4）所示：

$$Y_{it} = \sum_{j=1}^{p} \lambda_{ij} Y_{i,t-j} + \sum_{j=0}^{q} \delta_{ij} X_{i,t-j} + \mu_i + \varepsilon_{it} \tag{5.4}$$

其中，λ_{ij} 为自回归系数，其余变量和参数与上述相同。

地方公共支出规模对城乡收入差距的长期影响函数方程如式（5.5）所示：

$$Y_{it} = \theta_{0t} + \theta_{1t} X_{it} + \mu_i + \varepsilon_{it} \tag{5.5}$$

变量解释与上述相同。如果变量均为一阶单整 I（1）过程且存在协整关系，那么对各个省份而言，误差项为零阶单整序列 I（0）。动态面板的 ARDL（1，1）可以如式（5.6）所示：

$$Y_{it} = \delta_{0i} X_{it} + \delta_{1i} X_{i,t-1} + \lambda_i Y_{i,t-1} + \mu_i + \varepsilon_{it} \tag{5.6}$$

则面板的误差修正模型可以表述为（见式 5.7）：

$$\Delta Y_{it} = \phi_i (Y_{i,t-1} - \theta_{0i} - \theta_{1i} X_{i,t-1}) + \delta_{1i} \Delta X_{it} + \varepsilon_{it} \tag{5.7}$$

其中：

$$\phi = -(1 - \lambda_i)$$

$$\theta_{0i} = \frac{\mu_i}{1 - \lambda_i}$$

$$\theta_{1i} = \frac{\mu_i}{1 - \lambda_i}$$

式（5.6）和式（5.7）是等价的，包含相同的关系，可以根据不同的需要使用这两种模型来分析、研究经济现象或经济系统。但每个方程都有不同的解释与含义，式（5.7）为误差修正模型。ϕ_i

是协整方程的系数，即误差修正速度的调整系数。一般地，由于式 (5.6) 中的 $|\lambda_i| < 1$，所以误差项系数 $\phi_i - = (1 - \lambda_i) < 0$，表示 $t-1$ 期 Y_{t-1} 关于 $\theta_{0i} + \theta_{1i}X_{it-1}$ 之间的偏差的调整速度。θ_{1i} 则是我们需要关注的公共支出规模与城乡收入差距的长期关系系数。而 δ_{1i} 则是需要关注的公共支出规模与城乡收入差距的短期关系系数。

对式 (5.7) 检验通常有 FE 估计法 (fixed effects estimator)、MG 估计法 (mean group estimator) 和 PMG 估计法 (pooled mean - group estimator) 三种方法。三者区别在于 FE 估计法的斜率相同，截距随个体变化；MG 估计法的每个截面可单独估计，截距、斜率和误差随个体变化而变化，并得到每个参数的截面估计值的平均值；PMG 估计法介于 FE 和 MG 估计法之间，既有 MG 估计法的"截距、短期斜率和误差随个体变化"的特征，也有 FE 估计法"长期斜率不变"的特征。在三种估计方法的选择上，通常以 Hausman 检验来处理。但不少学者认为，与固定效应模型和随机效应模型相比，PMG 估计法具有良好的渐近性和有效性，因此，PMG 估计形式的系数假设可能更符合实际情况。而在本节的估计上，为了让结果更具说服力，我们将三种方法的估计结果都呈现出来，进行比较，或许更能体现地方公共支出规模与城乡收入之间的关系。

（二）数据来源与处理

讨论公共支出规模对宏观经济的影响效应，通常而言，学术界都以公共支出占 GDP 的比重和公共支出的对数值来衡量公共支出的规模。为了消除异方差，本节采纳对公共支出取对数值的衡量方法，即以公共支出对数值来衡量公共支出规模，用 Pe 表示。

在城乡居民收入差距度量上通常以城镇居民与农村居民收入的比值来表示。但根据现有文献对城乡居民收入差距的测度方法，通常认为单纯以某一种测度方法来讨论公共支出对收入差距的影响可能过于片面和可信度不高。因此，我们在现有文献的基础上，用城乡收入的比值（Gap 表示）和泰尔指数（以 Taier 表示）来衡量城乡收入差距。但从第四章中城乡收入差距与泰尔指数 1978—

2010 年的趋势图可知，两者的变动趋势几乎一致，因此，在实证检验中只选择其中一个，即城乡居民收入的比值来表示城乡收入差距。

为了统一各省（市、区）的时间跨度，所以所有变量数据的时间跨度为 1978—2010 年。由于重庆只有 1997—2010 年的数据，因此，并入四川作为同一省；由于部分西藏的数据缺省，因此实证中不包括西藏，同样也不包括港、澳、台地区。各变量的统计性描述结果如表 5 - 5 所示：

表 5 - 5   收入差距与公共支出规模的描述性统计量

变量	定义	观察值	均值	标准差	最小值	最大值
收入差距 Gap	城乡收入比值	957	2. 506	0. 706	0. 976	4. 759
公共支出 Pe	公共支出的对数值	957	4. 872	1. 614	0. 513	8. 694

三 实证检验

（一）面板数据单位根检验

为了避免模型伪回归出现和确保模型估计结果的统计有效性，本节首先对模型中各面板序列进行平稳性检验。通常的处理方法是，如果是非平衡的面板数据，一般采用 LLC、IPS、Breintung、ADF - Fisher 和 PP - Fisher 5 种方法进行面板单位根检验；但对于平衡的面板数据，一般只采用相同根单位根检验 LLC（Levin - Lin - Chu）和不同根单位根检验 IPS（白仲林和张晓桐，2008）。而本书的面板数据属于平衡数据，因此，我们采用 LLC 检验和 IPS 检验这两种面板数据单位根检验方法。单位根检验一般是先从水平（level）序列开始检验起，如果存在单位根，则对该序列进行一阶差分后继续检验。如果在两种检验中均拒绝存在单位根的原假设则我们认为此序列是平稳的，反之，则不平稳。

表 5 – 6 面板单位根检验结果

地区	变量	LLC 检验结果（Adjusted t – star）		IPS 检验结果（W – t – bar）	
		水平值	一阶差分值	水平值	一阶差分值
全国	Gap	– 0.6174	– 4.4213***	1.2616	– 7.6703***
		(0.2685)	(0.000)	(0.8965)	(0.0000)
	Pe	– 3.0429	– 11.9672***	16.9611	– 10.8669***
		(0.3658)	(0.0000)	(1.0000)	(0.0000)
东部	Gap	0.4599	– 2.734***	1.0032	– 5.1996***
		(0.6772)	(0.0031)	(0.8421)	(0.0000)
	Pe	– 1.2476	– 6.6382***	8.8098	– 8.8653***
		(0.1061)	(0.0000)	(1.0000)	(0.0000)
中部	Gap	0.9989	– 1.5349*	0.6292	– 2.9312***
		(0.1589)	(0.0624)	(0.7354)	(0.0017)
	Pe	– 0.6920	– 6.0994***	0.7320	– 5.2055***
		(0.2445)	(0.0000)	(0.7679)	(0.0000)
西部	Gap	– 1.1242	– 3.2748***	0.5334	– 4.9869***
		(0.1305)	(0.0005)	(0.7031)	(0.0000)
	Pe	1.0965	– 6.4564***	– 0.0044	– 6.2269***
		(0.8636)	(0.0000)	(0.4983)	(0.0000)

注：（1）所有变量水平值与一阶差分的检验方程形式包含截距项和趋势项；（2）括号内为 P 值；（3）***和*分别表示显著水平为 1% 和 10% 的临界值。

从表 5 – 6 可知，对于全国、东部、中部和西部经济区域而言，其公共支出和城乡收入差距（Gap）序列水平值的两类面板单位根检验显示这两类变量的序列存在单位根，是非平稳的；而对各变量的一阶差分值进行面板单位根检验均显示为平稳序列，即上述 4 组变量均为一阶单整 I（1）过程。因此可以对 Pe 和 Gap 进行面板协整检验。

（二）面板协整检验

上述面板单位根检验结果显示各个变量皆为一阶单整 I（1）过程，则变量间的线性组合就有可能是存在协整关系（co – integrated），因此我们来考察变量之间是否存在长期均衡的关系（即协整关系）。根据现有文献，按检验方法的基本思路划分，面板协整检验一般可以分成两类：一类是基于面板数据的协整回归检验，即Engle – Granger 两步法的推广，其中代表性的检验形式有：Kao（1999）、Pedroni（1999，2004）、Westerlund（2005a）、Westerlund（2005b，2007）、Persyn 和 Westerlund（2008）等；另一类是从推广 Johansen 迹（trace）检验方法的方向发展的面板数据协整检验，代表性文献主要有 Larsson 等（2001）、Groen 和 Kleibergen（2003）、Banerjee 等（2004）、Breitung（2005）等。

本节首先采用 Persyn 和 Westerlund（2008）提出的 xtwest 协整检验方法对 Pel 和 Gap、Peb 和 Gap 是否存在面板协整关系进行检验。xtwest 协整检验是以误差修正模型为基础进行面板协整检验的一种估计方法，其基本思路是：如果存在面板协整关系，就可以建立面板误差修正模型，并且反映变量之间长期均衡关系的面板误差修正部分的系数应显著不等于零。xtwest 检验既考虑了截面异质性即长期误差修正关系和短期动态关系，而且也考虑了截面内的序列相关性和截面间的相关性。xtwest 检验方法很好地克服了此前基于残差的面板协整检验 Engle – Granger 两步法存在的缺陷，Engle – Granger 两步法隐含着一个重要的假设条件：长期面板误差修正系数（变量的水平值）等于短期动态调整系数（变量的差分值），称为"同要素限制"（common factor restriction）。但 Banerjee 等（1998）研究认为，当这一假设无法满足时，以残差为基础的面板协整检验统计量的检定力会大幅降低，而以误差修正模型为基础进行面板协整检验的 xtwest 方法能够很好地避免这一限制。

xtwest 方法一共有 G_t、G_a、P_t 和 P_a 4 个检验统计量，分成两组。其中第一组统计量是 G_t 统计量和 G_a 统计量，G_t 统计量不考虑变量的序列相关性，而 G_a 统计量考虑了序列相关性。该组统计量假设"变量之间不存在协整关系"，对立假设是"至少有一对变量之间存在协整关系"。第二组统计量为 P_t 统计量和 P_a 统计量，P_t 统计量没有考虑变量的序列相关性，而 P_a 统计量考虑了序列相关性的问题。该组统计量假设"变量之间不存在协整关系"，对立假设是"变量整体上存在协整关系"。

表 5 – 7   **Pe 与 Gap 的面板协整检验结果**

地区	Statistic	Value	Z – value	P – value
全国	G_t	– 3. 129	– 5. 501	0. 000 ***
	G_a	– 11. 947	– 0. 051	0. 521
	P_t	– 16. 307	– 5. 639	0. 000 ***
	P_a	– 11. 908	– 2. 614	0. 005 ***
东部	G_t	– 3. 313	– 3. 864	0. 000 ***
	G_a	– 14. 244	– 1. 089	0. 138
	P_t	– 10. 519	– 4. 017	0. 000 ***
	P_a	– 15. 308	– 3. 449	0. 000 ***
中部	G_t	– 2. 912	– 3. 573	0. 000 ***
	G_a	– 11. 403	– 2. 214	0. 013 **
	P_t	– 7. 675	– 3. 602	0. 000 ***
	P_a	– 10. 143	– 3. 767	0. 000 ***
西部	G_t	– 2. 620	– 2. 964	0. 002 ***
	G_a	– 8. 988	– 1. 072	0. 142
	P_t	– 6. 888	– 2. 324	0. 010 ***
	P_a	– 8. 034	– 2. 709	0. 003 ***

注：（1）面板协整检验方程包含截距项和趋势项；（2）滞后阶数 lags 的选择和 leads 的选择根据 Average AIC 确定；（3） *** 、** 分别表示显著水平为1% 、5% 的临界值。

表 5 – 7 是公共支出（Pe）与城乡收入差距（Gap）的面板协整检验结果。结果显示，在全国、东部、中部和西部区域，Pe 和 Gap 之间存在协整关系。因此，可以对其面板误差修正模型进行估计。

（三）面板误差修正模型估计

令 ECt 代表协整方程（5.5）的误差项，对全国范围、东部、中部和西部地区地方公共支出规模对城乡收入差距影响的面板误差修正模型进行估计，pmg、mg 和 dfe 三种估计方法的检验结果如表 5 - 8—表 5 - 11 所示。

表 5 - 8 是全国地方公共支出规模与城乡收入差距的面板误差修正模型检验结果，可以看出，三种估计中协整方程 EC_t 的估计系数分别为 - 0.291、- 0.317 和 - 0.272，均显著为负，且估计值之间相差不大，符合误差修正调节机制。根据 Hausman 检验结果，我们选择 pmg 估计的结果以方程式的形式表现出来 [见式（5.8）]。而根据式（5.8），长期和短期而言，地方公共支出规模对城乡收入差距的影响均呈显著的正向效应，即地方公共支出规模的扩大是导致城乡收入差距拉大的主要影响因素。

$$\Delta Gap_t = -0.0291(Gap_{t-1} - \theta_0 + 0.281 Pe_t) + 0.173 \Delta Pe_{t-1}$$
$$+ 0.292 \tag{5.8}$$

表 5 - 8　全国范围 Pe 与 Gap 的面板误差修正模型检验结果

ΔGap_t	pmg	mg	dfe
协整方程 Pet	0.281 ***	0.287 ***	0.302 ***
	(23.22)	(14.28)	(17.81)
EC_t	- 0.291 ***	- 0.317 ***	- 0.272 ***
	(- 11.67)	(- 12.56)	(- 14.64)
ΔPe_{t-1}	0.173 ***	0.106	0.177 ***
	(3.38)	(1.60)	(2.69)
C	0.292 ***	0.312 ***	0.263 ***
	(8.14)	(10.66)	(8.69)
N	928	928	928

注：Δ 表示一阶差分，括号内为对应变量的 t 值，*** 表示 $p < 0.01$。

表 5 - 9 是东部地区地方公共支出规模与城乡收入差距的面板误差修正模型检验结果。三种估计中协整方程 EC_t 的估计系数分别为 - 0.306、- 0.318 和 - 0.341，均显著为负，且估计值之间相差不大，符合误差修正调节机制。根据 Hausman 检验结果，我们选择

pmg 估计的结果以方程式的形式表现出来 [见式 (5.9)]。根据式 (5.9),就长期和短期而言,东部地区公共支出规模对城乡收入差距的影响均呈显著的正向效应,即对东部地区而言,地方公共支出规模的扩大是导致城乡收入差距拉大的主要影响因素。

$$\Delta Gap_t = -0.306(Gap_{t-1} - \theta_0 + 0.261Pe_t) + 0.151\Delta Pe_{t-1} + 0.227$$

$$(5.9)$$

表 5 - 9　　　东部地区 Pe 与 Gap 的面板误差修正模型检验结果

ΔGap_t	pmg	mg	dfe
协整方程 Pe_t	0.261 *** (18.89)	0.246 *** (20.65)	0.247 *** (16.68)
EC_t	-0.306 *** (-7.96)	-0.318 *** (-9.09)	-0.341 *** (-11.94)
ΔPe_{t-1}	0.151 ** (2.17)	0.154 ** (2.22)	0.118 (1.57)
C	0.227 *** (5.67)	0.250 *** (6.62)	0.287 *** (7.02)
N	352	352	352

注:Δ 表示一阶差分,括号内为对应变量的 t 值,** 、*** 分别表示 $p < 0.05$,$p < 0.01$。

表 5 - 10 是中部地区地方公共支出规模与城乡收入差距的面板误差修正模型检验结果。三种估计中协整方程 EC_t 的估计系数分别为 -0.330、-0.346 和 -0.342,均显著为负,且估计值之间相差不大,符合误差修正调节机制。协整方程中 Re_t 的估计系数显著为正,表明长期内中部地区公共支出规模对城乡收入差距的影响为显著的正向效应;但 ΔRe_{t-1} 的估计系数均不显著,表明短期内中部地区公共支出规模对城乡收入差距的影响不显著。根据 Hausman 检验结果,我们选择 pmg 估计的结果以方程式的形式表现出来 [见式

(5.10)]。因此，对中部地区而言，长期内地方公共支出规模的扩大是导致城乡收入差距拉大的主要影响因素。

$$\Delta Gap_t = -0.330(Gap_{t-1} - \theta_0 + 0.295Pe_t) + 0.133\Delta Pe_{t-1} + 0.269$$

$$(5.10)$$

表 5 – 10　中部地区 **Pe** 与 **Gap** 的面板误差修正模型检验结果

ΔGap_t	pmg	mg	dfe
协整方程 Pe_t	0.295 *** (10.58)	0.283 *** (11.26)	0.292 *** (10.49)
EC_t	− 0.330 *** (−9.21)	− 0.346 *** (−9.27)	− 0.342 *** (−8.39)
ΔPe_{t-1}	0.133 (1.38)	0.114 (0.95)	0.144 (1.02)
C	0.269 *** (5.21)	0.289 *** (6.16)	0.285 *** (4.59)
N	256	256	256

注：Δ 表示一阶差分，括号内为对应变量的 t 值，$***$ 分别表示 $p < 0.01$。

　　表 5 – 11 是西部地区地方公共支出规模与城乡收入差距的面板误差修正模型检验结果。三种估计中协整方程 EC_t 的估计系数分别为 − 0.284、− 0.293 和 − 0.253，均显著为负，且估计值之间相差不大，符合误差修正调节机制。协整方程中 Pe_t 的估计系数显著为正，表明长期内西部地区公共支出规模对城乡收入差距的影响为显著的正向效应；但 ΔPe_{t-1} 的估计系数均不显著，表明短期内西部地区公共支出规模对城乡收入差距的影响不显著。根据 Hausman 检验结果，我们选择 pmg 估计的结果以方程式的形式表现出来［见式 (5.11)］。因此，对西部地区而言，长期内地方公共支出规模的扩

大是导致城乡收入差距拉大的主要影响因素。

$$\Delta Gap_t = -0.284(Gap_{t-1} - \theta_0 + 0.382Pe_t) + 0.005Pe_{t-1} + 0.355$$

$$(5.11)$$

表 5 – 11   西部地区 **Pe** 与 **Gap** 的面板误差修正模型检验结果

ΔGap_t	pmg	mg	dfe
协整方程 Pe_t	0.382 *** (13.55)	0.335 *** (6.56)	0.374 *** (9.16)
EC_t	−0.284 *** (−4.65)	−0.293 *** (−5.14)	−0.253 *** (−7.21)
ΔPe_{t-1}	0.005 (0.04)	0.046 (0.30)	0.104 (0.75)
C	0.355 *** (11.29)	0.400 *** (7.01)	0.336 *** (5.61)
N	320	320	320

注：Δ 表示一阶差分，括号内为对应变量的 t 值，*** 分别表示 $p < 0.01$。

四　实证结果的解释

上述结果显示：对全国和东部地区而言，无论是长期还是短期，地方公共支出规模的扩大是导致城乡收入差距拉大的主要影响因素；对中部和西部地区而言，长期内地方公共支出规模的扩大是导致城乡收入差距拉大的主要影响因素，但短期内不显著。

（1）短期内东部地区显著，而中部、西部地区不显著。主要原因可能在于：相对中部和西部地区而言，东部省份属于国内经济发展最快、对外开放程度最高的区域，也是人口与资源主要集中的区域，因此在地方公共支出上所占的比重主要向东部倾斜。如图 5 – 10 所示，从趋势上来看，东部地区公共支出所占的比例一直保持在 45% 以上，而中部和西部的比重相差不大，整个样本期平均在

25.6%左右，两者呈交替的变动趋势。而在人均公共支出上，如图5－11所示，从趋势上来看，东部地区人均地方公共支出最高，其次是西部地区，并在2009年超过全国的人均水平，中部地区的人均地方公共支出最低。因此，全国省份和东部地区省份的实证结果几乎一致。

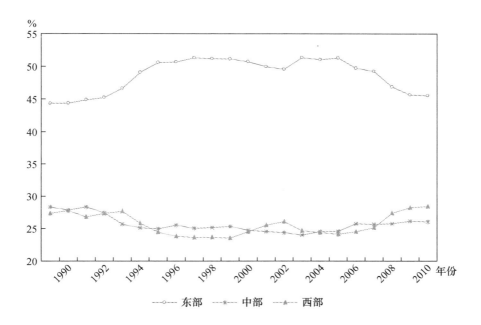

图 5－10　东部、中部和西部地区公共支出所占比重趋势

（2）长期而言，地方公共支出规模是导致城乡收入差距扩大的主要影响因素。其中西部公共支出规模对城乡收入差距的影响最大 ［见式（5.11）］，为0.382；其次是中部 ［见式（5.10）］，为0.295；东部最小 ［见式（5.9）］，为0.261；而全国是0.281 ［见式（5.8）］。我们从城乡居民收入差距主要来源分析上述估计结果的可能原因。城乡居民收入差距主要来源于城乡居民工资性收入差距和城乡居民的转移性收入差距。因此，可能的原因是：在地方的

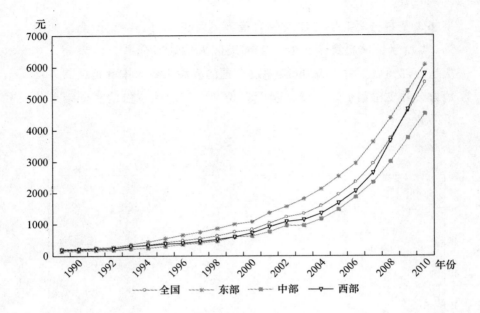

图 5 - 11　东部、中部和西部地区人均地方公共支出趋势

公共支出中，地方经济建设和行政管理支出的比重仍然较大，而用于民生的支出比重偏少，因此，相对于农村居民而言，地方公共支出规模的扩大更有利于提高城镇居民的工资性收入和转移性收入，从而会导致城乡居民收入差距的扩大。从 2010 年和 2011 年地方财政支出的结构来看，用于一般公共服务、行政安全和社区方面的行政管理支出达到 19119.53 亿元和 22960.96 亿元，支出的绝对规模一直处于扩大的趋势，占地方财政支出的比例分别是 25.9% 和 24.8%（2010 年之前所占的比例更高），这部分行政管理支出大部分是用于城镇区域的管理需要，包括行政管理人员的工资支出，因此相对而言更有利于提高城镇居民的工资收入水平；2010 年和 2011 年用于社会保障及住房保障支出达到 10670.72 亿元和 14098.79 亿元，占地方财政支出的比例分别是 14.5% 和 15.2%，在社会保障体系覆盖面只集中在城镇、农村社会保障覆盖正处于试点的情况下，社会保障及住房保障支出很大程度上是针对城镇居民的一种转移性收入，因此，社会保障及住房保障支出提高了城镇居民的转移性收入来源；同样，2010 年和 2011 年用于教育、科学技术、文化体育与传媒、医疗卫生方面的支出达 19541.13 亿元和 25446.99 亿元，占地方公共支出的比例分别是 26.45% 和 27.44%，相对于发达国家，这部分支出的比例是偏低的，也说明了地方教育、科学技术、文化体育与传媒、医疗卫生方面的服务是一种非常稀缺的资源，在目前我国的经济、政治、教育与科技文化主要以城镇为中心的基本现实下，城镇居民获得稀缺资源的机会往往要大于农村居民，从而使城镇居民从教育、科学技术、文化体育与传媒、医疗卫生方面支出中获得的利益要大于农村居民，城镇人力资源的积累速度要远高于农村，从而使城镇居民获得的工资收入会高于农村居民。

五　本节小结

地方公共支出规模是导致城乡收入差距扩大的主要影响因素，可能的原因是相对于农村居民而言，地方公共支出规模的扩大更有利于提高城镇居民的工资收入和转移性收入，从而会导致城乡居民收入差距的扩大。而在三大区域实证分析上，公共支出规模对收入差距的影响最大为西部，其次为中部，东部最小。

第四节　本章小结

本章首先采用时间序列方法在六变量的框架内实证检验了我国公共支出规模与城乡收入差距之间的关系，结果显示公共支出、经济增长、通货膨胀、城镇化和就业均是城乡收入差距的影响因素；公共支出规模增加与经济增长水平提高短期内会扩大城乡收入差距，而长期则有助于改善城乡收入差距的扩大趋势；在大部分时期内通货膨胀、城镇化和就业水平的提高均会扩大城乡居民之间的收入差距；公共支出存在对城乡收入差距影响的直接与间接传导机制。

其次采用面板协整方法分别对全国、东部、中部和西部地区地方公共支出规模对城乡收入差距的影响进行了实证检验，结果显示全国、东部、中部和西部地区地方公共支出规模的扩大均是导致城乡收入差距拉大的主要影响因素，可能的原因是地方公共支出规模的扩大更有利于提高城镇居民的工资性收入和转移性收入，因为相对于农村居民而言，地方公共支出中的行政管理支出、地方经济建设支出、社会保障及住房保障支出，以及科教文卫支出都有利于提高城镇居民的工资性收入和转移性收入，从而会导致城乡居民收入差距的扩大。

全国公共支出规模和地方省份公共支出规模对收入差距的影响效应短期内是一致的，都会扩大城乡收入差距。而长期则不一致——全国公共支出规模有助于缩小城乡收入差距，而地方公共支出规模扩大了城乡收入差距。原因有可能是一方面我国区域差别较大，各个省份在公共支出规模上有所区别；另一方面也可能是由于全国与地方公共支出结构上存在差异，同时实证所选取的样本区间也不相同。因此在政策启示上，我们不能简单地下结论"通过城乡公共支出规模大小的调整能达到有效缩小城乡居民收入差距的调节目标"。为了更进一步分析公共支出对城乡收入差距的影响效应，更系统地提出有效调节城乡居民收入差距过大的公共支出政策启示，我们将在第六章中进一步实证检验公共支出结构对城乡收入差距的影响。

第六章　公共支出结构对城乡收入差距影响的实证研究

第一节　引言

　　上一章从规模的视角，采用时间序列模型和动态面板协整模型分别实证探讨了公共支出总规模、地方公共支出规模对城乡收入差距的影响。但从社会资源配置的角度来看，公共支出结构直接体现的是政府所控制的社会公共资源的流向，而政府公共支出的不同流向对城镇居民和农村居民的收入所产生的促进或抑制程度是不同的。上一章实证已经表明公共支出规模是影响城乡居民收入差距的主要因素，对全国公共支出规模而言，短期内会扩大城乡收入差距，而对地方公共支出规模而言，长期内会扩大城乡收入差距。因此，如果保持公共支出结构不变，而仅仅通过扩大或减小公共支出规模来调节城乡收入差距，其作用可能不大，尤其是当前中国经济发展现实的需要，以及存在城乡基本公共服务供给不足和城乡公共服务存在差距的情况下，单从通过公共支出规模来调节收入差距在政策上的可操作性不强。因此，本章着重讨论公共支出结构对城乡收入差距的影响。

　　一方面，考虑到近年来虽然公共支出规模的扩大带动了其结构支出中大部分各类用途支出的绝对规模也在扩大，但在各项构成支出的比重上却发生了很大变化。另一方面，在政府公共支出的结构中，中央与地方公共支出的规模都在扩大，但在比重上，中央公共支出所占的比重逐年下降，而地方公共支出所占比重则逐年上升，这表明了地方政府在调节各省的社会经济政治等方面上的公共经济资源在增加；也同时考虑到中国区域差异大，省际之间存在不同的地方公共财政支出政策，因而不同省份公共支出规模与结构对城乡收入差距的影响有可能不同。基于上述两方面的考虑，本章从支出结构的视角，着重讨论以下问题：（1）全国范围视角下，政府公共支出结构对城乡收入差距的影响；（2）区域视角下，地方公共支出结构对城乡收入差距的影响。

第二节　全国公共支出结构对城乡收入差距影响的实证分析

上述第二章的文献综述中，已有部分学者曾经尝试从财政结构的角度探讨城乡收入差距产生的原因，但结论上存在不一致。且大多数文献只考虑 2006 年之前的数据。本节将经济建设费、科教文卫支出、就业与社会保障支出和农林水事务支出纳入一个统一的逻辑框架来探讨对城乡收入差距的影响，尝试分析经济建设费、科教文卫支出、就业与社会保障支出和农林水事务支出对城乡收入差距的长期均衡关系与短期动态影响，特别专注公共支出结构变量对城乡收入差距的作用机制与影响程度。

一　模型设定、数据来源与计量方法

令 $Z_t = (GAP_t, JJJS_t, KJWW_t, SHBZ_t, ZNZC_t)'$。$GPA_t$ 表示城乡居民收入差距，为城镇居民人均可支配收入与农村居民人均纯收入的比值，考虑到我国长时间的城乡分割和"二元经济"存在的实际情况，对城镇居民人均收入通过城镇居民消费价格指数进行调整，对农村居民人均纯收入通过农村消费价格指数进行调整。$JJJS_t$ 表示经济建设费，以经济建设支出占公共支出的比重表示；$KJWW_t$

表示科教文卫支出，以科教文卫支出占公共支出的比重表示；$SHBZ_t$表示就业与社会保障支出（以下简称社会保障支出），以就业与社会保障支出占公共支出的比重表示；$ZNZC_t$表示支农支出（或农林水事务支出），以农林水事务支出占公共支出的比重表示。本节模型样本区间为1978—2011年，所有模型变量的数据均来自历年《中国统计年鉴》。其中在经济建设支出的数据上，1978—2006年的数据来自历年《中国统计年鉴》，2007—2009年的数据来自上海财经大学公共政策研究中心的《中国财政发展报告》（2011）①，2010—2011年的数据由笔者根据《2010年全国财政支出决算表》和《2011年全国财政支出决算表》计算得出。

在计量方法上我们采纳时间序列向量自回归模型，通过协整方程发现公共支出结构与城乡收入差距之间的长期关系，通过脉冲响应函数检验公共支出结构对城乡收入差距的短期冲击效应，并通过方差分解来得出公共支出结构各变量对城乡收入差距的解释力度。

二　实证检验

（一）单位根检验

对$Z_t = (GAP_t, JJJS_t, KJWW_t, SHBZ_t, ZNZC_t)'$模型的变量进行单位根检验，ADF单位根检验最佳滞后阶数由Eviews软件根据施瓦茨信息准则（Schwarz Information Criterion，SIC）确定，SIC值越小，则滞后阶数越佳。表6-1的结果显示（GAP_t，$JJJS_t$，$KJWW_t$，$SHBZ_t$和$ZNZC_t$）变量均为一阶单整。

（二）协整检验

单位根检验结果显示模型变量均为一阶单整过程I（1），我们通过Johansen协整检验方法来确定模型变量之间是否存在长期的协整线性关系。Johansen协整检验是以向量自回归模型（VAR）为基础的检验方法。在进行协整检验之前，首先须确定$Z_t = (GAP_t,$

① 上海财经大学公共政策研究中心：《中国财政发展报告》（2011），上海财经大学出版社2011年版。

$JJJS_t$，$KJWW_t$，$SHBZ_t$，$ZNZC_t$)′VAR 模型的最佳滞后阶数。考虑到样本区间的限制，我们选择水平 VAR 模型的滞后阶数为 2。通过模型选择的联合检验，确定协整检验中允许数据有线性趋势和协整分析含截距项及时间趋势项，则 Z_t =（GAP_t，$JJJS_t$，$KJWW_t$，$SHBZ_t$，$ZNZC_t$)′的和特征根协整检验结果见表 6 - 2。

表 6 - 1 模型相关变量单位根检验结果

变量	水平检验结果			一阶差分检验结果		
	检验形式 （C，T，L）	ADF 值	P 值	检验形式 （C，T，L）	ADF 值	P 值
GAP_t	（C，0，0）	- 2.103	0.245	（C，0，0）	- 4.587	0.001 ***
$JJJS_t$	（C，0，0）	- 0.658	0.843	（C，0，0）	- 5.468	0.000 ***
$KJWW_t$	（C，0，0）	- 1.493	0.525	（C，0，0）	- 4.451	0.001 ***
$SHBZ_t$	（C，0，1）	- 0.739	0.823	（C，0，0）	- 3.468	0.016 **
$ZNZC_t$	（C，0，3）	- 2.824	0.067	（C，0，0）	- 4.804	0.001 ***

注：（1）检验形式中的 C 和 T 表示带有常数项和趋势项，L 表示滞后阶数；

（2） ***和**分别表示显著水平为 1% 和 5% 的临界值。

表 6 - 2 协整模型向量个数的估计结果

零假设	特征值	迹统计量	5% 临界值	P 值	最大特征 统计量	5% 临界值	P 值
无	0.958	131.018	88.803	0.000 ***	58.713	38.331	0.000 ***
至多 1 个	0.762	72.305	63.876	0.008 ***	35.636	32.118	0.017 **
至多 2 个	0.717	36.669	42.915	0.183	21.281	25.823	0.177
至多 3 个	0.615	15.387	25.872	0.542	9.263	19.387	0.697
至多 4 个	0.222	6.124	12.517	0.445	6.124	12.517	0.444

注：***和**分别表示显著水平为 1% 和 5% 的临界值。

根据表 6 - 2 协整关系的估计结果，拟检验的模型变量之间在 5% 显著性水平上存在 2 个协整关系（$r = 2$）。因此，我们便可以通过建立误差修正模型来表达变量之间的长期线性关系。本书选取第一个协整关系，则计量模型对应的协整估计方程为（T 表示时间趋势项，括号内为对应变量的 t 值）：

$$GAP_t - 1 = -0.1237JJJS_{t-1} + 0.0962KJWW_{t-1} + 0.0697SHBZ_{t-1}$$
$$(-5.2010) \qquad\qquad (2.9110) \qquad\qquad (-2.1525)$$
$$-0.2150ZNZC_{t-1} - 0.1694T + 9.5779 \qquad\qquad (6.1)$$
$$(-4.4818) \qquad\qquad (-5.4167)$$

根据方程（6.1）显示，计量模型的协整方程中经济建设支出、科教文卫支出、社会保障支出、农林水事务支出与城乡收入差距均存在显著的线性关系，表明公共支出的结构变量与城乡收入差距之间存在长期稳定的均衡关系。经济建设支出、农林水事务支出与城乡收入差距呈负相关效应，表明长期内经济建设支出和农林水事务支出所占比重的增加会有助于城乡收入差距的缩小；而科教文卫支出、就业与社会保障支出与城乡收入差距呈正相关关系，表明科教文卫支出和社会保障支出所占比重的增加不利于城乡收入差距的缩小，而会导致城乡收入差距的扩大。

（三）误差修正模型（VECM）及其诊断检验

在上述长期稳定协整关系的基础上，本书通过建立误差修正模型（VECM）来表达经济建设支出、科教文卫支出、社会保障支出和农林水事务支出对城乡收入差距影响的短期动态效应。本书主要检验公共支出结构变量对城乡收入差距的影响，因此仅给出关于 ΔGAP_t（Δ 表示一阶差分）的误差修正模型。令 EC_t 代表协整方程（5.1）的误差项，关于 ΔGAP_t 的向量误差修正模型如表 6-3 所示。

误差修正模型估计结果显示，协整方程 EC_t 的估计系数为 -0.4020，t 值为 -4.4386，经检验在 1% 的显著水平上拒绝零假设，调整方向符合误差修正机制，可以保持并自动地调节经济建设支出、科教文卫支出、社会保障支出、农林水事务支出与城乡收入差距之间的长期均衡关系。

表 6 - 3   误差修正模型估计结果

协整方程	ΔGPA_t
EC_t	-0.4020 (-4.4386)
ΔGAP_{t-1}	0.3988 (2.2211)
ΔGAP_{t-2}	0.0751 (0.4896)
$\Delta JJJS_{t-1}$	0.0269 (1.7963)
$\Delta JJJS_{t-2}$	0.0051 (0.4151)
$\Delta KJWW_{t-1}$	-0.0119 (-0.6201)
$\Delta KJWW_{t-2}$	-0.0392 (-2.0217)
$\Delta SHBZ_{t-1}$	0.0144 (0.6214)
$\Delta SHBZ_{t-2}$	-0.0289 (-1.0207)
$\Delta ZNZC_{t-1}$	-0.0051 (-0.1419)
$\Delta ZNZC_{t-2}$	0.0091 (0.2664)
C	0.0753 (2.6288)
R^2	0.6698
$A - R^2$	0.4787

注：括号内为对应估计值的 t 值。

（四）脉冲响应函数与方差分解

脉冲响应函数。根据表 6 - 3 误差修正模型，采用脉冲响应函数来显示短期内收入差距遭受经济建设支出、科教文卫支出、社会保障支出和农林水事务支出等变量特定冲击后的动态反应行为，如图 6 - 1—图 6 - 3 所示。

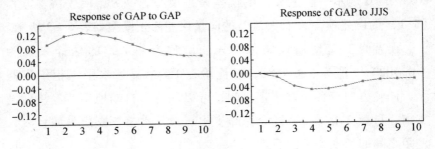

图 6 - 1 收入差距对自身与经济建设支出冲击的脉冲响应结果

　　图 6 - 1 显示了收入差距对自身和经济建设支出扰动时的冲击反应。可以看出，收入差距受到一个单位正向标准差的自身变化的冲击后，冲击效应为正，表明当期收入差距扩大会引致未来时期差距更大，也说明如果不对收入差距进行主动调节，城乡居民之间的差距可能会越来越大，进入一种恶性循环。收入差距受到一个单位正向标准差的经济建设支出的冲击后，冲击效应为负，表明经济建设支出所占比重的增加会导致城乡收入差距缩小。

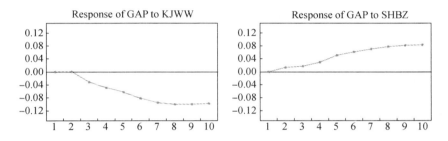

图 6 - 2　收入差距对科教文卫支出与社会保障支出冲击的脉冲响应结果

　　图 6 - 2 显示了收入差距对科教文卫和社会保障支出扰动时的冲击反应。收入差距受到一个单位正向标准差的科教文卫支出变化的冲击后，冲击效应为负，表明科教文卫支出所占比重的增加有助于缩小城乡收入差距。收入差距受到一个正向标准差的社会保障支出变化的冲击后，冲击效应为负，表明社会保障支出所占比重增大会导致城乡收入差距的扩大。

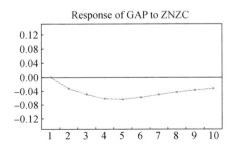

图 6 - 3　收入差距对农林水事务支出冲击的脉冲响应结果

图 6 – 3 显示了收入差距对农林水事务支出扰动时的冲击反应。收入差距受到一个单位正向标准差的农林水事务支出变化冲击后，冲击效应为负，表明农林水事务支出所占比重的扩大会有利于城乡收入差距的缩小。

方差分解。由于脉冲效应函数仅表示了城乡收入差距对各变量扰动时的冲击反应方向，但反应的程度难以表现出来。因此，在此基础上基于误差修正模型，进行城乡收入差距的不同预测期限预测误差的方差分解，来考察其方差被各变量所解释的贡献度，结果见表 6 – 4。

表 6 – 4　　　　　　　　　城乡收入差距的方差分解

Period	S. E.	GAP	JJJS	KJWW	SHBZ	ZNZC
1	0. 0909	100. 00	0. 0000	0. 0000	0. 0000	0. 0000
2	0. 1527	94. 2197	0. 5076	9. 98E – 05	0. 7906	4. 4818
3	0. 2111	85. 3039	3. 6290	2. 2336	1. 0811	7. 75209
4	0. 2619	76. 4993	5. 9297	4. 9665	1. 9818	10. 6225
5	0. 3056	69. 0840	6. 7701	7. 8444	4. 1971	12. 1041
6	0. 3422	62. 2537	6. 7295	11. 9774	6. 5297	12. 5094
7	0. 3736	56. 0042	6. 1771	16. 5775	8. 9849	12. 2560
8	0. 4019	50. 7057	5. 5962	20. 4964	11. 4896	11. 7120
9	0. 4279	46. 4557	5. 1382	23. 5736	13. 7719	11. 0603
10	0. 4517	43. 1820	4. 7744	25. 8534	15. 7600	10. 4299

注：变量顺序改变，方差分解体也随之改变。

表 6 – 4 显示，在收入差距的波动中，有 0 到 6.77% 的波动可以由经济建设支出解释，解释力度较小，其中 1—5 期对城乡收入差距的解释力度缓慢提高，而之后的时期逐步减少，表明经济建设支出对城乡收入差距的影响处于下降趋势。

解释力度最大的是科教文卫支出，有 0 到 25.853% 的收入差距的波动可以由科教文卫支出解释，科教文卫支出对收入差距的解释力度一直处于上升趋势，是该模型中对城乡收入差距解释力度最大的变量，反映出科教文卫支出是影响城乡居民收入差距的重要因素。

有 0 到 15.76% 的波动可以由社会保障支出解释，解释力度一直处于上升趋势，表明社会保障支出逐渐成为影响城乡收入差距的重要因素。

有 0 到 12.509% 的波动可以由农林水事务支出解释，整个时期其波动较小，平均的解释力度在 10% 左右，表明农林水事务支出对城乡收入差距的影响比较稳定。

其余部分的收入差距波动有 43.182% 到 100%，可以由收入差距自身的波动解释，但收入差距自身解释的力度逐步趋向下降，这种情况通常都可以理解为惯性（Inertial）的作用，同时也表明城乡收入差距的调整是一个长期的过程，如果不加以外界政策的影响，收入差距自身难以达到缩小的态势。

综合来看，除了收入差距自身波动的解释外，对 GAP_t 的影响效应最大的是科教文卫支出，其次是社会保障支出，最后是农林水事务支出和经济建设支出。

三　对实证结果的解释

结合协整方程、脉冲响应函数与方差分解的实证结果，得到以下结论：科教文卫支出和社会保障支出是城乡收入差距扩大的主要解释因素，尤其是科教文卫支出，长期而言随着该支出比重的增加而加大了城乡居民收入差距；经济建设支出和农林水事务支出有助于缩小城乡收入差距，但对城乡收入差距的影响不大且比较稳定。

（1）无论短期还是长期，经济建设支出都有助于缩小城乡收入差距，但解释力度不大且呈下降的趋势。其可能原因主要是：一方面，经济建设支出一直是政府促进城乡基础设施建设的主要手段，也是拉动内需的主要途径，在其支出的投资过程中促进了经济增长和创造了大量的就业机会（王任飞、王进杰，2007；张学良，2012）。相对于农村居民而言，以交通基础设施建设为主的经济建设支出的增加不但为农村居民外出工作提供了交通上的便利，同时也提高了农村居民的工资性收入，增加了农业外的收入来源，因此有利于缩小城乡收入差距。但另一方面，经济建设支出所促进的基础设施建设属于公共产品，带有很强的非排他性和非竞争性，因此对农村与城镇居民的影响在很大程度上是一致的；同时近年来公共支出中经济建设支出所占比重一直处于下降趋势。因此对城乡收入差距的解释力度不大，且影响力处于下滑的趋势。

（2）长期而言，科教文卫支出比重的增加会加大城乡居民的收入差距，是导致城乡收入差距扩大的主要因素。通常而言，增加科教文卫支出，尤其是基础教育支出一直被认为对低收入群体更有利，因为基础教育的投入会极大地增加低收入群体家庭成员受教育的机会，从而提高低收入群体的劳动素质和技能，使低收入的状况得到改善；另外，医疗卫生支出尤其是基本医疗卫生支出也一直被认为对改善低收入群体具有一定的积极作用，增加基本医疗卫生支出有利于降低社会的相对贫困水平，对低收入群体收益相对更高。因此，科教文卫支出被社会各界公认为改善社会公平、减少社会贫困和调节社会收入差距的主要手段，国内外理论界不少学者的研究也得到几乎一致的结论，世界银行、联合国教科文组织以及许多国家政府等机构都持有这种观点，并以此作为理论依据制定相应政策——通过加大科教文卫投入促进欠发达地区的发展水平和提升低收入群体收入水平。但我国科教文卫支出在规模及在公共支出上所占的比重逐年提升的情况下，却没能够缩小城乡居民收入差距，而恰恰相反，却是导致城乡收入差距扩大的主要影响因素，其可能的原因主要在于科教文卫支出在城乡配置上存在差距，更多的科教文卫资源主要集中于城镇区域。我们可以从城镇与农村的科教文卫支出基本情况对比中发现这一现象。

首先在公共科技支出上。我们从公有经济企事业单位专业技术人员的比例构成来看（见表 6 - 5）①，从事农业开发的技术人员所占比例较小，而且近年来呈小幅下降趋势。由于城市是现代化和工业化的建设中心，是各类产业发展也是各类高等院校、研究所等研发中心的集中地，因此，基础类和应用类的科技投入主要以城镇为主，所以教学人员的比例最大，其次是工程技术人员、卫生技术人员和科学研究人员，且工程技术人员、卫生技术人员和科学研究人员都呈上升的趋势。说明了国家投入农村和农业技术开发的资金和人力资源较少，农村居民从国家整体科技投入和科技水平提升中获得的正效应就相对较少，从而导致城乡收入差距的出现。

其次在教育支出上。长期以来，我国城乡教育在投入上存在明显的差别，不管是在经费投入、师资力量和教育基础设施上，都明显地偏向于城镇教育，这已经是学术界和实务界一致认为的事实。根据中国家庭收入项目调查数据 CHIP 1995 年城市劳动力中具有大专及以上学历的劳动者比重为 22%，农村则不足 1%，到 2007 年城镇劳动力中具有大专及以上学历的劳动者比重上升至 40%，而农村仍不足 3%（邢春冰，2013）。这说明教育投入所带来的人力资源积累主要集中在城镇，同时也表明了由农村教育投入形成的高教育水平劳动力更倾向于迁移到城镇，而非留在农村。因此，教育支出由于在城乡配置存在差距，因此，导致了城乡收入差距的出现。

最后在医疗卫生支出上。从表 6 - 6 可以看出，城乡医疗条件的差距非常大，人均卫生费用、每千人口卫生技术人员和每千人口医疗卫生机构床位上，城镇的数量远远高于农村地区。显示政府对医疗资源配置上倾向于城镇地区，显然，医疗资源的差别会影响到居民的健康水平进而会影响到收入水平；同时，集中于城镇的医疗资源往往会诱使农村的优质人力资源迁移到城镇，从而有利于城镇人力资本的积累。因此，会导致城乡收入差距的拉大。

―――――――――――

① 对于城乡科技支出的比较，很难找到确切的数据来进行对比。但一般而言，从事某个行业的技术人员数量往往反映了政府和企业对该产业的重视程度和技术投入的力度，同时也反映了该产业的技术力量。

表 6 – 5　　　　　　公有经济企事业单位专业技术人员比例　　　　单位：%

年份	工程技术	农业技术	科学研究	卫生技术	教学人员
2005	21.80	3.21	1.42	16.29	57.28
2006	21.95	3.15	1.47	16.20	57.24
2007	22.26	3.11	1.55	16.15	56.94
2008	22.41	3.10	1.60	16.83	56.06
2009	22.88	3.08	1.67	16.93	55.44
2010	23.86	3.03	1.50	16.92	54.69

资料来源：《中国科技统计年鉴》（2011）。

表 6 – 6　　　　　　　　　　城乡医疗卫生比较

年份	人均卫生费用（元）		每千人口卫生技术人员（人）		每千人口医疗卫生机构床位（张）	
	城镇	农村	城镇	农村	城镇	农村
2005	1126.36	315.83	5.82	2.69		
2006	1248.30	361.89	6.09	2.70		
2007	1516.29	358.11	6.44	2.69	4.90	2.00
2008	1861.76	455.19	6.68	2.80	5.17	2.20
2009	2176.63	561.99	7.15	2.94	5.54	2.41
2010	2315.48	666.30	7.62	3.04	5.94	2.60

资料来源：《中国统计年鉴》（2012）。

（3）无论是短期还是长期，社会保障支出比重增加均会导致城乡收入差距的扩大，是城乡收入差距扩大的主要解释因素。其主要原因可能是由来已久的城乡制度分割事实和城乡社会保障制度的差异安排所造成的。当前我国社会保障制度体系中的养老保险、医疗保险和最低生活保障城乡之间的差别非常大，且差异有不断扩大之势，社会保障的覆盖面主要集中在城镇。虽然近年来政府加快了社会保障体系建设、扩大了对农村居民的覆盖面，但相对而言，除了东部区域一些经济发达地区开始进行农村社会保障制度的试点外，其他绝大多数农村地区尚未建立与城镇同样待遇的社会保障体系，大部分农村居民尚未享受到与城镇居民同样的基本社会保障公共服务，农村居民社会保障待遇普遍低于城镇居民。可以看出，国家社会保障资金主要倾向于城镇居民，城镇居民不但比农村居民享有稳定的社会保障制度，而且其社会保障水平也远远高于农村居民。比如 2011 年城镇基本医疗保险和新型农村合作医疗的年人均补助标准分别为 935.9 元和 130.1 元，城镇居民获得的补助约为农村居民的7.19 倍；而居民最低生活保障的平均标准和补助标准的城乡之比分别为 2.01 倍和 2.26 倍（邢伟，2013）。从社会保障支出规模来看，根据国家统计局的数据，1991—2008 年，城市人均社会保障支出占人均 GDP 的比重为 15%，而农村只有 0.18%，城市人均享受的社会保障费用支出是农村的 90 倍之多；2008 年，占全国总人口 52%的农民保障支出，仅占全国社会保障支出的 12% 左右（纪江明等，2011）。因此，城乡间社会保障资源分配严重失衡，导致了城镇居民获得的转移支付收入和福利收入远高于农村居民，进而导致了城乡居民收入差距的拉大。

（4）无论短期还是长期，农林水事务支出比重的增加均有助于城乡收入差距的缩小，对城乡收入差距的影响较为稳定。农林水事务支出（财政支农支出）是政府通过财政投入（财政补贴）等政策手段实现对农业的帮助，包括农业支出、林业支出、水利支出、扶贫支出、农业综合开发支出等。其主要目的是通过资金投入优惠和制度建设，支持农业与农村的发展、提高农民的收入水平，因此也是国家与农民分配关系的重要内容之一。从这个方面来看，农林水事务支出有利于提高农村居民的收入水平，有助于缩小城乡居民的收入差距。

四　本节小结

本节在 5 变量的框架内实证检验了经济建设支出、科教文卫支出、社会保障支出和农林水事务支出对城乡收入差距的影响，协整方程显示了 5 个变量之间存在长期稳定的均衡关系，科教文卫支出和社会保障支出是城乡收入差距扩大的主要解释因素，尤其是科教文卫支出，长期而言，随着该支出比重的增加而加大了城乡居民收入差距；经济建设支出和农林水事务支出有助于缩小城乡收入差距，但对城乡收入差距的影响不大且比较稳定。

第三节　地方公共支出结构对城乡收入差距影响的实证分析

上一节是采用时间序列从全国的视角实证分析了公共支出结构（经济建设支出、科教文卫支出、社会保障支出和农林水事务支出）对城乡收入差距的影响。由于中国区域差异大，东部、中部、西部省份之间公共支出的结构与规模差别较大，不同区域的其地方公共财政支出政策有所不同，因而不同省份公共支出规模与结构对城乡收入差距的影响有可能不同。因此，本节从地方省份的视角，采用面板数据实证分析地方公共支出结构对城乡收入差距的影响。

一　模型设定、数据与检验方法

根据理论分析，不同支出结构对城乡居民收入分配的影响机制和效果不同。我们需要通过实证分析来判断我国公共支出结构对城乡收入差距的影响。为此，本书构建以下实证模型：

$$y_{it} = \beta X_{it} + \phi K_{it} + v_i + \varepsilon_{it} \qquad (6.2)$$

其中，i 和 t 分别表示省份和年份，v_i 是难以观测的个体效应（individual effect），ε_{it} 是扰动项。y_{it} 表示城乡居民收入差距，X_{it} 表示所选择的各种公共支出结构，K_{it} 表示影响城乡收入差距的一组非公共支出宏观经济变量。

讨论公共支出结构对宏观经济的影响效应，通常而言，学术界都以各项公共支出占总支出的比重来衡量公共支出的结构。但这种衡量方式会导致计量模型存在异方差。而为了消除异方差，我们采纳对城乡收入差距和公共支出结构取对数值的衡量方法。

　　各省城乡居民收入差距以城镇居民人均可支配收入与农村居民人均纯收入的差值的对数值表示。各省的一般公共服务支出①、就业与社会保障支出、农林水事务支出（也称支农支出）和科教文卫支出（科学技术、教育、文化体育与传媒、医疗卫生支出的简称），所选择的各省公共支出结构变量均以其支出的对数值表示。控制变量本文选择的是各省的经济增长率和各省的城镇化率。其中经济增长以各省的人均国内生产总值的对数值表示。学术界通常以城镇人口占总人口的比重来表示城镇化率，但由于有些省份连续多年的城镇人口统计缺失，所以本书以城镇就业人员占总就业人员的比重来表示各省的城镇化率。

　　我们采用我国1995—2010年省际面板数据分析。② 同样，由于数据缺失问题，本书的面板数据样本不包括西藏和港澳台地区，同时将重庆和四川的数据合并。具体变量的统计性描述见表6－7。

表6－7　　　　　　　　　　变量统计性描述

变量	观察值	均值	标准差	最小值	最大值
城乡收入差距支出	464	8.536	0.546	7.356	9.790
一般公共服务支出	464	13.452	1.064	10.507	15.740
就业与社会保障支出	464	13.027	1.519	7.096	15.831
农林水事务支出	464	12.713	1.265	9.354	15.540
科教文卫支出	464	14.013	1.101	10.991	16.592
人均GDP	464	4.040	0.360	3.254	6.659
城镇化率	464	34.720	15.330	11.932	81.048

　　在估计方法的使用上，为防止单纯使用一种估计方法而导致检验结果可信度不高的问题出现，我们在静态面板数据模型的估计

————————
　　① 《中国统计年鉴》（上），2006年之前称为行政管理支出，2007年后改为一般公共服务。

　　② 数据来源于《中国统计年鉴》和中宏数据库。

上，分别采用 Pool OLS 回归方法、固定效应方法（FE）和随机效应方法（RE）来实证分析地方公共支出结构对城乡收入差距的影响；在动态面板数据模型上，分别采用差分广义矩估计方法（diff—GMM）和系统广义矩估计方法（sys – GMM）的两步法估计实证分析地方公共支出结构对城乡收入差距的影响。

二　实证检验

本节将依据上述所构建的模型，运用我国 29 个省（市、区）1995—2010 年的面板数据实证检验该模型。考虑到不同模型设定可能导致不同的结论，本节将同时实证检验静态和动态面板数据模型以检验实证结果的稳健性。

（一）静态面板数据模型

静态面板数据模型有利于控制样本中难以观测且不随时间变化的个体效应对回归产生的偏差影响，已有的有关收入差距的经验研究多在静态面板数据模型的框架内展开。本书按照上述的理论分析，构建如下的公共支出结构对城乡收入差距影响的静态面板数据模型。

$$GAP_{it} = \beta_1 GGFW_{it} + \beta_2 SSBZ_{it} + \beta_3 ZNZC_{it} + \beta_4 KJWW_{it} + \beta_5 urb_{it}$$
$$+ \beta_6 GDP_{it} + v_i + \varepsilon_{it} \tag{6.3}$$

其中，GAP_{it} 表示各省城乡居民收入差距，$GGFW_{it}$ 表示各省的一般公共服务支出；$SSBZ_{it}$ 表示各省的就业与社会保障支出，$ZNZC_{it}$ 表示各省的农林水事务支出（支农支出）；$KJWW_{it}$ 表示科教文卫支出；GDP_{it} 表示各省的经济增长率；urb_{it} 表示各省的城镇化率。其他变量解释与方程（6.2）相同。

在静态面板数据模型设定下，本书采用多种回归方法对方程（6.3）进行估计并将结果报告于表 6 – 8。列（1）、列（3）、列（4）是分别采用 Pool OLS 回归方法、固定效应方法（FE）和随机效应方法（RE）对未纳入控制变量的方程（6.3）进行估计，列（2）、列（5）、列（6）是对纳入控制变量的方程进行估计。

在未控制变量和有控制变量的情况下，估计结果均表明一般公共服务、社会保障、农林水事务支出和科教文卫等公共支出结构变量几乎都显著进入模型。其中一般公共服务支出和社会保障支出对城乡收入差距的影响效应显著为正，表明两者所占比例增加会导致收入差距的扩大。而科教文卫支出对收入差距的影响效应显著为负，表明科教文卫支出所占的比例增加会有利于城乡收入差距的缩小。

表6-8　　　　　　　　　　静态面板数据回归结果

	（1）Pool OLS	（2）Pool OLS	（3）FE	（4）RE	（5）FE	（6）RE
$GAPi_{t-1}$	0.989 ***	0.969 ***	0.772 ***	0.987 ***	0.768 ***	0.969 ***
	（113.99）	（100.22）	（34.35）	（108.96）	（33.92）	（99.91）
$GGFW_{it}$	0.019 *	0.033 ***	0.131 ***	0.022 **	0.128 ***	0.033 ***
	（1.87）	（3.08）	（9.74）	（2.17）	（9.47）	（3.1）
$SSBZ_{it}$	0.020 ***	0.018 ***	0.025 ***	0.020 ***	0.027 ***	0.018 ***
	（4.33）	（3.93）	（5.18）	（4.4）	（5.35）	（3.94）
$ZNZC_{it}$	- 0.015 **	- 0.006	0.023 *	- 0.015 **	0.022 *	- 0.006
	（- 2.11）	（- 0.76）	（1.96）	（- 2.07）	（1.92）	（- 0.76）
$KJWW_{it}$	- 0.01 *	- 0.034 ***	- 0.045 **	- 0.013	- 0.049 **	- 0.035 ***
	（- 1.83）	（- 3.02）	（- 2.25）	（- 1.23）	（- 2.43）	（- 3.03）
GDP_{it}		0.052 ***			0.023	0.052 ***
		（3.5）			（1.34）	（3.49）
urb_{it}		0.001			0.001	0.001
		（0.36）			（0.8）	（0.38）
截距	0.013	0.034	0.280 ***	0.014	0.279 ***	0.034
	（0.28）	（0.71）	（4.16）	（0.29）	（4.14）	（0.71）
观测值	435	435	435	435	435	435
R - squared	0.9898	0.9903	0.9633	0.9668	0.9898	0.9903
Number of id	29	29	29	29	29	29

注：括号内为 t 值，*** 、** 和 * 分别表示显著水平为1%、5%和10%的临界值。

农林水事务支出对城乡收入差距的影响显得稍微复杂一些，在列（1）、列（2）、列（4）、列（6）中，农林水事务支出对收入差距的影响表现为显著的负效应，而在列（3）、列（5）中则表现为显著的正效应。两个控制变量中经济增长率和城镇化率均表现为正效应，表明经济增长率和城镇化率的提升反而扩大了城乡居民之间的收入差距。但城镇化率的影响效应却不显著，经济增长率在列（2）和列（6）中显著为正，而在列（5）中却不显著。

（二）动态面板数据模型

基于静态面板数据结构的估计，发现方程（6.3）较好地解决了地区个体效应和关键变量内生的问题，可以认为表6-8的估计结果是无偏和稳健的。根据学术界最近的研究结论，包括居民收入在内的宏观经济变量在长期内是一个动态的过程，实际中的城乡居民收入差距的变动既取决于当前的经济形势，也受过去经济状况的影响。因此，本书通过引入了滞后被解释变量（lagged variable）城乡收入差距的滞后值来建立动态面板数据模型。但这一方面会使被解释变量受其一期滞后值影响而导致自相关问题，或者收入差距和一些解释变量之间很可能是同时决定的，从而导致解释变量的内生性问题；另一方面在动态面板数据计量模型中，由于滞后被解释变量的存在，使利用 OLS 和 GLS 得到的估计量是有偏的和非一致的。因此，本书采用 Hansen（1982）提出的广义矩估计（GMM），遵循 Arellano 和 Bond（1991）、Blundell 和 Bond（1998）的估计方法，通过差分数据转换和引入合适的工具变量来有效控制被解释变量的自相关及解释变量的内生性问题，进一步检验动态面板数据结构下一般公共服务、社会保障、农林水事务支出和科教文卫支出对城乡收入差距的影响。动态面板数据结构方程构建如下：

$$GAP_{it} = \sum_{j=1}^{M} \alpha_j y GAP_{it-j} + \beta_1 GGFW_{it} + \beta_2 SSBZ_{it} + \beta_3 ZNZC_{it}$$
$$+ \beta_4 KJWW_{it} + \beta_5 urb_{it} + \beta_6 gdp_{it} + v_i + \varepsilon_{it} \qquad (6.4)$$

其中，变量解释与方程（6.3）相同。通常，研究者一般采用一阶差分 GMM 方法（diff – GMM）和系统 GMM 方法（sys – GMM）来估计这类具有动态性质的模型。但在时间维度较短的情况下 sys – GMM 估计量将优于 diff – GMM 估计量（Bond et al.，2001）。因此，考虑到模型的动态性质和所收集到数据时间维度较小的特征，本书在 Bond 等（2001）的研究成果基础上，分别用 diff – GMM 和 sys – GMM 方法来估计上述方程。在计量分析中，差分 GMM 和系统 GMM 的两步估计还要进行 Arellano – Bond test for AR（1）和 AR（2）检验，考察一次差分残差序列是否存在二阶自相关；同时通过 Sargan 过度识别约束检验方法对所使用工具变量的有效性进行检验，检验原假设是所使用的工具变量与误差项不相关。

同时，考虑到东部、中部和西部之间经济发展水平、公共支出结构和规模、城乡收入差距水平都存在差异，因此分别对全国、东部、中部和西部的数据进行动态估计。结果如下：

表 6 – 9 是全国动态面板数据结构方程（6.4）的估计结果。其中列（1）和列（2）采用差分 GMM 估计模型，列（3）和列（4）采用系统 GMM 估计方法。其中列（1）和列（3）不考虑控制变量，列（2）和列（4）引入了经济增长率和城镇化率这两个控制变量，并在检验中将控制变量作为严格外生变量（表 6 – 10、表 6 – 11 和表 6 – 12 相同）。

全国动态面板数据模型的估计结果与静态面板数据模型的结果基本一致。根据表 6 – 9，一般公共服务、社会保障和农林水事务支出对收入差距的影响为显著的正效应，表明地方一般公共服务支出、社会保障支出和农林水事务支出是城乡收入差距扩大的主要影响因素，其所占比重的增加会导致城乡收入差距的扩大，但是相对而言，社会保障支出与支农支出对城乡收入差距的影响系数较小。科教文卫支出对收入差距的影响为显著的负效应，表明科教文卫支出所占比重的扩大会有利于城乡收入差距的缩小，但从其估计参数来看，在 0.05 左右，可见科教文卫支出对城乡收入差距的影响效应不是很大。两个控制变量经济增长率和城镇化率均对收入差距

表 6 – 9   全国动态面板数据回归结果

	(1) diff – GMM	(2) diff – GMM	(3) sys – GMM	(4) sys – GMM
GAP_{it-1}	0.788 *** (27.87)	0.803 *** (26.31)	0.810 *** (46.38)	0.805 *** (27.24)
$GGFW_{it}$	0.129 *** (19.05)	0.119 *** (13.18)	0.125 *** (25.8)	0.122 *** (14.7)
$SSBZ_{it}$	0.025 *** (9.96)	0.026 *** (11.01)	0.028 *** (7.63)	0.027 *** (8.49)
$ZNZC_{it}$	0.022 *** (3.98)	0.017 ** (1.99)	0.014 *** (2.93)	0.018 ** (2.24)
$KJWW_{it}$	– 0.051 *** (– 5.20)	– 0.053 *** (– 6.16)	– 0.054 *** (– 6.22)	– 0.061 *** (– 6.13)
GDP_{it}		0.025 *** (3.44)		0.028 ** (2.57)
urb_{it}		0.001 *** (3.72)		0.001 *** (3.34)
截距	0.254 *** (5.32)	0.206 *** (3.31)	0.217 *** (5.67)	0.232 *** (3.84)
AR (1)	0.000	0.000	0.000	0.000
AR (2)	0.120	0.144	0.114	0.151
Sargan	28.240 (1.000)	26.023 (1.000)	27.059 (1.000)	27.477 (1.000)
Number of id	29	29	29	29
观测值	406	406	435	435

注：①AR (1) 和 AR (2) 分别为 Arellano – Bond test for AR (1) and AR (2) 的 p 值；②括号内为 t 值，*** 和 ** 分别表示显著水平为 1% 和 5% 的临界值。

存在显著的正效应，也表明地方各省（市、区）经济增长率和城镇化率是导致城乡收入差距扩大的主要因素。同样，经济增长率和城镇化率的估计参数也较小，表明两者对城乡收入差距的影响效应不大。

　　表6-10是东部地区动态面板数据结构方程（6.4）的估计结果。与上述全国数据估计结果相同的是，东部面板数据估计结果中一般公共服务对城乡收入差距的影响为显著的正效应，表明东部省份一般公共服务支出所占比重的增加会导致城乡收入差距的扩大。

表6-10　　　　　　　　　东部地区动态面板数据回归结果

	（1） diff - GMM	（2） diff - GMM	（3） sys - GMM	（4） sys - GMM
GAP_{it-1}	0.946 *** （8.87）	0.684 ** （2.48）	0.942 *** （11.43）	0.542 （1.49）
$GGFW_{it}$	0.111 *** （8.7）	0.202 *** （2.99）	0.137 *** （4.34）	0.297 *** （2.71）
$SSBZ_{it}$	-0.036 （-1.01）	-0.151 * （-1.65）	-0.037 （-0.99）	-0.364 ** （-2.10）
$ZNZC_{it}$	-0.166 ** （-2.04）	-0.340 ** （-2.25）	-0.143 * （-1.86）	-0.370 ** （-2.25）
$KJWW_{it}$	0.157 * （1.79）	0.343 ** （2.08）	0.093 （0.94）	0.842 ** （2.28）
GDP_{it}		0.679 （1.21）		0.244 （0.47）
urb_{it}		-0.003 * （-1.68）		-0.005 ** （-1.98）
截距	-0.62 （-1.60）	-1.279 ** （-2.08）	-0.291 （-0.61）	-3.395 ** （-2.29）
AR（1）	0.057	0.094	0.038	0.000
AR（2）	0.201	0.222	0.223	0.151
Sargan	3.823 （1.000）	2.091 （1.000）	2.474 （1.000）	1.367 （1.000）
Number of id	11	11	11	11
观测值	154	154	165	165

　　注：①AR（1）和AR（2）分别为Arellano - Bond test for AR（1）and AR（2）的p值；②括号内为 t 值，***、** 和 * 分别表示显著水平为1%、5%和10%的临界值。

与上述全国数据估计结果不同的是，农林水事务支出和社会保障支出对城乡收入差距的影响为负效应，表明东部地区农林水事务支出和社会保障支出所占比重的增加会有利于城乡收入差距的缩小，但是社会保障支出在表 6 - 10 的列（1）和列（3）估计中并不显著；科教文卫支出对城乡收入差距的影响为显著的正效应，表明东部省份科教文卫支出所占比重的增加会导致城乡收入差距的扩大。在列（2）和列（4）的估计中，控制变量经济增长率对城乡收入差距的影响不显著，城镇化率对城乡收入差距的影响为负效应，表明东部省份的城镇化率水平越高，越有利于城乡收入差距的缩小，但估计参数比较小，说明影响效应不大。

表 6 - 11 是中部地区动态面板数据结构方程（6.4）的估计结果。与上面全国数据的估计结果一致的是一般公共服务支出和社会保障支出对城乡收入差距的影响为正效应，表明中部地区一般公共服务支出和社会保障支出所占比重增加会扩大城乡收入差距；农林水事务支出和科教文卫支出对城乡收入差距的影响为负效应，表明中部地区农林水事务支出和科教文卫支出所占比重增加会有利于城乡收入差距的缩小；控制变量经济增长率和城镇化率对城乡收入差距均不显著。

表 6 - 11　　　　　　　　　　中部地区动态面板数据回归结果

	（1） diff - GMM	（2） diff - GMM	（3） sys - GMM	（4） sys - GMM
GAP_{it-1}	0.703 *** （3.9）	1.094 （0.48）	0.751 *** （3.81）	1.755 ** （1.99）
$GGFW_{it}$	0.150 *** （-3.84）	0.124 （-0.64）	0.145 *** （-4.46）	-0.016 （-0.16）
$SSBZ_{it}$	0.068 *** （3.9）	0.094 （0.2）	0.059 ** （2.44）	0.180 * （1.95）

续表

	（1）	（2）	（3）	（4）
	diff – GMM	diff – GMM	sys – GMM	sys – GMM
$ZNZC_{it}$	– 0. 026	– 0. 09	– 0. 037	– 0. 205 *
	（– 0. 55）	（– 0. 25）	（– 0. 75）	（– 1. 66）
$KJWW_{it}$	– 0. 007	– 0. 251	0. 001	– 0. 43
	（0. 15）	（0. 22）	（0. 02）	（1. 27）
GDP_{it}		0. 14		0. 075
		（0. 45）		（0. 53）
urb_{it}		– 0. 019		0. 001
		（– 0. 28）		（0. 4）
截距	0. 04	1. 094	– 0. 144	0. 002
	（– 0. 05）	（– 0. 42）	（– 0. 17）	0
AR（1）	0. 025		0. 031	0. 017
AR（2）	0. 448	0. 951	0. 364	0. 102
Sargan	5. 154	2. 04	5. 017	3. 04
	（1. 000）	（1. 000）	（1. 000）	
Number of id	8	8	8	8
观测值	112	112	120	120

注：①AR（1）和 AR（2）分别为 Arellano – Bond test for AR（1）和 AR（2）的 p 值；②括号内为 t 值，＊＊＊、＊＊和＊分别表示显著水平为 1%、5% 和 10% 的临界值。

表 6 – 12 是西部地区动态面板数据结构方程（6.4）的估计结果。西部地区数据的估计结果与全国数据估计的结果基本一致。一般公共服务、社会保障和农林水事务支出对收入差距的影响为正效应，但是社会保障支出对城乡收入差距的影响不够显著，且估计参数较小，表明西部地区地方一般公共服务支出和农林水事务支出所占比重的增加会导致城乡收入差距的扩大。科教文卫支出对收入差距的影响为负效应，但不显著，表明西部地区科教文卫支出所占比重的扩大对城乡收入差距的影响不显著。两个控制变量经济增长率对收入差距的影响为正效应，但列（2）估计中不显著；城镇化率

对城乡收入差距的影响在列（2）和列（4）中的结果是相反的，但估计参数均较小，而且列（4）的估计结果不显著。

表6-12　　　　　　西部地区动态面板数据回归结果

	（1） diff - GMM	（2） diff - GMM	（3） sys - GMM	（4） sys - GMM
GAP_{it-1}	0.724 ***	0.520 ***	0.747 ***	0.244
	(8.71)	(2.98)	(9.02)	(1.23)
$GGFW_{it}$	0.123 ***	0.146 ***	0.128 ***	0.152 ***
	(6.2)	(4.06)	(6.18)	(4.3)
$SSBZ_{it}$	0.006	0.014	0.008	0.034 *
	(0.43)	(0.74)	(0.58)	(1.78)
$ZNZC_{it}$	0.051 **	0.101 ***	0.063 ***	0.099 ***
	(2.26)	(3.33)	(2.78)	(3.32)
$KJWW_{it}$	-0.037	-0.101	-0.069	-0.242 ***
	(-0.66)	(-1.09)	(-1.18)	(-2.80)
GDP_{it}		0.29		1.279 ***
		(0.96)		(2.74)
urb_{it}		0.008 **		-0.0001
		(2.02)		(-0.15)
截距	0.584 ***	0.8	0.595 ***	1.153 **
	-2.77	-1.44	-2.8	-2.51
AR（1）	0.011	0.015	0.009	0.373
AR（2）	0.082	0.161	0.118	0.178
Sargan	8.469	1.521	8.406	0.592
	(1.000)	(1.000)	(1.000)	(1.000)
Numberofid	10	10	10	10
观测值	140	140	150	150

注：①AR（1）和AR（2）分别为 Arellano - Bond test for AR（1）和 AR（2）的 p 值；②括号内为 t 值，***、**和*分别表示显著水平为1%、5%和10%的临界值。

三　本节小结

本节采用静态和动态的面板计量方法，对全国地方公共支出结构和城乡收入差距的面板数据进行了静态检验和动态检验；同时为了区分区域间的异同，进一步对东部、中部和西部地区公共支出结构和城乡收入差距的面板数据进行了动态估计。检验结果发现地方公共支出结构对城乡收入差距的影响全国范围的静态面板数据模型与动态面板数据模型的估计结果基本一致，地方一般公共服务支出、社会保障支出和农林水事务支出对城乡收入差距的影响是扩大效应，两个控制变量地方各省经济增长率和城镇化率也是导致城乡收入差距扩大的主要因素，而科教文卫支出则有利于城乡收入差距的缩小；但在估计参数上，社会保障支出、农林水事务、科教文卫支出、经济增长率和城镇化率对城乡收入差距影响的估计参数都较小。

在东部、中部、西部地区的检验结果上，西部地区数据的估计结果与全国数据估计的结果基本一致。除了农林水事务支出对城乡收入差距的影响是缩小效应外，中部地区数据的估计结果与全国数据估计的结果基本一致。东部数据的估计结果除了一般公共服务支出与全国数据的估计结果都是对城乡收入差距的影响是扩大效应外，其中的社会保障支出和农林水事务支出对城乡收入差距的影响是缩小效应，科教文卫支出对城乡收入差距的影响是扩大效应。

第四节　本章结论

本章首先从全国的视角、在 5 变量的框架内采用时间序列检验方法实证分析公共支出结构经济建设支出、科教文卫支出、社会保障支出和农林水事务支出对城乡收入差距的影响，结果发现 5 个变量之间存在长期稳定的均衡关系，科教文卫支出和社会保障支出是城乡收入差距扩大的主要解释因素，尤其是科教文卫支出，长期而言随着该支出比重的增加而加大了城乡居民收入差距；经济建设支出和农林水事务支出有助于缩小城乡收入差距，但对城乡收入差距的影响不大且比较稳定。

其次从地方省份的视角、采用静态与动态面板检验方法实证分析了地方公共支出结构一般公共服务支出、社会保障支出、农林水事务支出和科教文卫支出对城乡收入差距的影响，实证结果显示静态面板数据模型与动态面板数据模型的估计结果基本一致，地方一般公共服务支出、社会保障支出和农林水事务支出是城乡收入差距扩大的主要影响因素，三者所占比重的增加会导致城乡收入差距的扩大；地方科教文卫支出则有利于城乡收入差距的缩小，其所占比重的增加会缩小城乡居民收入差距。而在进一步对东部、中部、西部地区的实证分析中发现，东部、中部、西部地区的一般公共服务支出对城乡收入差距的影响与上述全国数据的估计结果是一致的，是导致城乡收入差距的主要因素；在社会保障支出对城乡收入差距的影响上，中部、西部地区的估计结果与全国的估计结果相一致，社会保障支出比重的增加会扩大城乡居民收入差距；而东部地区估计结果恰好相反，东部社会保障支出比重增加有助于减少城乡居民收入差距；在农林水事务支出对城乡收入差距影响上，西部地区的结果与全国的一致，西部地区农林水事务支出比重增加会导致城乡收入差距的扩大，而东部与中部地区农林水事务支出比重增加则会有助于城乡收入差距缩小；在科教文卫支出对城乡收入差距影响上，中部、西部地区的估计结果与全国的估计结果一致，科教文卫支出比重的增加有助于城乡居民收入差距的缩小，而东部地区估计结果恰好相反，东部地区科教文卫支出比重增加却会扩大城乡居民收入差距。

从全国和地方省份两个角度的实证结果来看，发现公共支出结构对城乡居民收入差距的影响非常复杂，会因为样本区间、采用的估计方法和数据类型的不同，结果就有很大的差异。政策启示在于：通过对全国和地方公共支出结构进行深化调整，以促进农村经济增长和提升农村居民收入水平为导向，在政府公共支出资源配置上适当向农村地区倾斜，才能有效地缩小城乡居民间的收入差距。

第七章　实证结果及政策建议

　　在上两章中，我们分别从全国和地方省级的视角估计了公共支出规模与结构对城乡收入差距的影响效应，讨论了公共支出对城乡收入差距影响的实证结果的可能原因。本章对上述实证研究结论做一个适当的总结，并在此基础上，给出有效缩小城乡收入差距的相关公共支出政策启示。

第一节　实证结果及实证结论

一　公共支出规模对城乡居民收入差距影响的实证结果

　　在公共支出规模对城乡收入差距影响的实证分析上（见表7-1），首先采用时间序列方法在六变量的框架内实证检验了我国公共支出规模与城乡收入差距之间的关系，结果显示公共支出、经济增长、通货膨胀、城镇化率和就业率均是城乡收入差距的影响因素；公共支出存在对城乡收入差距影响的直接传导机制，也可能存在通过对经济增长、通货膨胀、城镇化率和就业率进而影响城乡收入差距的间接传导机制，在短期内公共支出规模增加会扩大城乡居民收入差距，而长期则会有助于改善城乡居民收入差距的扩大趋势。其次采用面板协整方法分别对全国、东部、中部和西部地区地方公共支出规模对城乡收入差距的影响进行了实证检验，结果显示长短期内全国和东部地区地方公共支出规模的扩大均是导致城乡收入差距拉大的主要影响因素，长期内中部和西部地区地方公共支出规模的扩大均是导致城乡收入差距拉大的主要影响因素,可能的原因是地方公共支出规模的扩大更有利于提高城镇居民的工资性收入和转移性收入。

全国公共支出规模和地方省份公共支出规模对收入差距的影响效应短期内是一致的,都会扩大城乡收入差距;而长期则不一致——全国公共支出规模有助于缩小城乡收入差距,而地方公共支出规模会扩大城乡收入差距。

表 7 - 1　　公共支出规模对城乡居民收入差距影响的实证结论

不同区域支出规模	对城乡居民收入差距的影响
全国公共支出规模 (1978—2010 年)	全国公共支出规模扩大短期内会导致城乡收入差距扩大,而长期会有助于城乡收入差距的缩小
全国地方公共支出规模 (1978—2010 年)	全国地方公共支出规模无论长短期都会导致城乡居民收入差距扩大
东部地方公共支出规模 (1978—2010 年)	地方公共支出规模无论长短期都会导致城乡居民收入差距扩大
中部地方公共支出规模 (1978—2010 年)	地方公共支出规模长期会导致城乡居民收入差距扩大,短期不显著
西部地方公共支出规模 (1978—2010 年)	地方公共支出规模长期会导致城乡居民收入差距扩大,短期不显著

注:括号内为样本区间。

二　公共支出结构对城乡居民收入差距影响的实证结果

在公共支出结构对城乡收入差距影响的实证分析上(见表7-2),首先采用时间序列检验方法从全国的视角,在经济建设支出、农林水事务支出、社会保障支出、科教文卫支出和城乡收入差距5变量的框架内实证分析公共支出结构对城乡收入差距的影响,结果发现5个变量之间存在长期稳定的均衡关系,科教文卫支出和社会保障支出是城乡收入差距扩大的主要解释因素,尤其是科教文卫支出,长期而言,随着该支出比重的增加而加大了城乡居民收入差距；经济建设支出和农林水事务支出有助于缩小城乡收入差距，但对城乡收入差距的影响不大且比较稳定。

其次从地方的视角、采用静态与动态面板检验方法实证分析了地方公共支出结构一般公共服务支出、社会保障支出、农林水事务支出和科教文卫支出对城乡收入差距的影响，实证结果显示静态面板数据模型与动态面板数据模型的估计结果基本一致，地方一般公共服务支出、社会保障支出和农林水事务支出是城乡收入差距扩大的主要影响因素，三者所占比重的增加会导致城乡收入差距的扩大；地方科教文卫支出则有利于城乡收入差距的缩小，其所占比重的增加会缩小城乡居民收入差距。

表7－2　公共支出结构对城乡居民收入差距影响的实证结果

不同区域	支出结构	对城乡居民收入差距的影响
全国公共支出结构（1978—2011年）	经济建设	无论长短期，经济建设支出比重增加均有助于缩小城乡收入差距，但解释力度不大且呈下降的趋势
	科教文卫	长期而言，科教文卫支出比重的增加会加大城乡居民的收入差距，是导致城乡收入差距扩大的主要因素
	社会保障	无论长短期，社会保障支出比重增加均会导致城乡收入差距的扩大，是城乡收入差距扩大的主要解释因素
	农林水事务	无论长短期，农林水事务支出比重增加均有助于城乡收入差距的缩小，但对城乡收入差距的影响较为稳定
全国地方公共支出结构（1995—2010年）	一般公共服务	支出比重增大会导致城乡居民收入差距扩大
	社会保障	支出比重增大会导致城乡居民收入差距扩大
	农林水事务	支出比重增大会导致城乡居民收入差距扩大
	科教文卫	支出比重增大会有助于城乡居民收入差距缩小
东部地区地方公共支出结构（1995—2010年）	一般公共服务	支出比重增大会导致城乡居民收入差距扩大
	社会保障	支出比重增大会有助于城乡居民收入差距缩小
	农林水事务	支出比重增大会有助于城乡居民收入差距缩小
	科教文卫	支出比重增大会导致城乡居民收入差距扩大

续表

不同区域	支出结构	对城乡居民收入差距的影响
中部地区地方公共支出结构（1995—2010 年）	一般公共服务	支出比重增大会导致城乡居民收入差距扩大
	社会保障	支出比重增大会导致城乡居民收入差距扩大
	农林水事务	支出比重增大会有助于城乡居民收入差距缩小
	科教文卫	支出比重增大有助于城乡居民收入差距缩小
西部地区地方公共支出结构（1995—2010 年）	一般公共服务	支出比重增大导致城乡居民收入差距扩大
	社会保障	支出比重增大导致城乡居民收入差距扩大
	农林水事务	支出比重增大导致城乡居民收入差距扩大
	科教文卫	支出比重增大有助于城乡居民收入差距缩小

注：括号内为样本区间。

　　而在进一步对东部、中部、西部地区的实证分析中发现，东部、中部、西部地区的一般公共服务支出对城乡收入差距的影响与上述全国数据的估计结果是一致的，是导致城乡收入差距的主要因素；在社会保障支出对城乡收入差距的影响上，中部地区和西部地区的估计结果与全国的估计结果相一致，社会保障支出比重的增加会扩大城乡居民收入差距；而东部地区估计结果则恰好相反，东部社会保障支出比重增加有助于缩小城乡居民收入差距；在农林水事务支出对城乡收入差距影响上，西部地区的结果与全国的相一致，西部地区农林水事务支出比重增加会导致城乡收入差距的扩大，而东部与中部地区农林水事务支出比重增加则会有助于城乡收入差距缩小。在科教文卫支出对城乡收入差距影响上，中部、西部地区的估计结果与全国的估计结果一致，科教文卫支出比重的增加会有助于城乡居民收入差距的缩小；而东部地区估计结果恰好相反，东部地区科教文卫支出比重增加会扩大城乡居民收入差距。

　　从全国和地方省份两个角度的实证结果来看，发现公共支出结构对城乡居民收入差距的影响非常复杂，会因为样本区间、采用的估计方法和数据类型不同，结果就有很大的差异。

三 公共支出对城乡居民收入差距影响的实证结论

由上述实证结果可以看出公共支出对城乡居民收入差距的影响是非常复杂的。根据第五章、第六章对实证结果的分析与解释，可以将公共支出对城乡居民收入差距影响的实证结论归纳如下：①虽然公共支出对城乡居民收入差距的影响非常复杂，不同区域表现有所差异，但整体而言，公共支出是导致城乡收入差距扩大的主要影响因素。②主要原因在于公共支出资源配置不合理，更多集中在城镇和倾向于城镇居民。③政府公共支出资源在城乡间的配置不合理，使城镇居民从政府公共支出资源上获得的直接和间接收益远大于农村居民，从而直接和间接地影响了城镇和农村居民的收入水平，导致城乡居民收入差距扩大。④要有效调节城乡居民收入分配状态、缩小城乡居民收入差距，应以促进农村经济增长和提升农村居民收入水平为导向，通过对政府公共支出规模和结构的调整，使公共支出资源的配置适当向农村地区倾斜，才能有效缩小城乡居民间的收入差距。

第二节 利用公共支出调节城乡居民收入差距的政策建议

从上述公共支出规模和结构对城乡居民收入差距影响的实证结果及结论来看，发现公共支出对城乡收入差距的影响传导机制非常复杂，因此，从政策启示上而言，难以从简单地扩大公共支出规模和调整某项公共支出的比重就能够达到有效调节目前城乡收入差距过大问题的目标。因此，避免仅从实证结果简单地下结论，本课题在实证结论的基础上，依据公共支出理论和收入分配理论，结合我国目前经济社会发展现实，从以下几个方面提出调节中国城乡居民收入差距过大的公共支出政策建议。

一　增加促进农村剩余劳动力转移的公共支出资源，提升农村居民的工资性收入水平

根据城乡居民收入差距的变动特征分析可以看出，城乡居民工资性收入差距是城乡居民收入差距的主要来源之一。从目前我国经济发展状况与趋势来看（比如每年 GDP 增长率的基本情况），要缩小城乡居民收入差距，关键问题是如何提高农村居民的工资性收入水平，而非通过降低城镇居民工资性收入水平的途径。从当前农村劳动力剩余现状来看，必须重点从解决农村大量富余劳动力转移的问题入手。因此，对政府而言，在公共支出政策的选择上，一方面应当增加转移农村剩余劳动力方面的公共支出资源。主要着力于为农村居民构建劳务信息、技能培训、劳务市场、政策保障和管理服务体系，不断改善农民务工环境，拓展农村居民的就业机会，大力推动农村劳动力转移就业工作。同时，通过公共支出政策的引导，鼓励农村土地向农业专业大户、农民专业合作社、农业科技示范园的合理流转，积极发展现代都市农业，促进农业产业化水平进一步提高，吸纳更多农村居民就业，在确保土地基本收入的基础上，增加工资性收入。

另一方面需要积极创造就业机会和解决农村居民低工资问题。主要是通过加大公共支出力度，加快城乡一体化建设的进程，在就业机会和就业服务管理上逐渐消除户籍制度的约束，切实保护好农村居民在城镇工作的合法权益，比如制定合理的与社会发展相适应的最低工资标准并严格执行、工资支付制度城乡应一视同仁、为农村居民合法就业权益的维护提供有效的服务和援助等。

二　提高社会保障支出的比重，加快全民覆盖的社会保障体系建设进程

根据城乡居民收入差距的变动特征，城乡居民转移性收入差距是城乡居民收入差距的另一个主要来源，而出现转移性收入差距的主要原因在于城乡社会保障体系的差别化。社会保障资源在城乡配置的差异，不仅导致了城乡转移性收入差距的出现，同样也是城乡

工资性收入差距出现的主要原因。因此，对政府来说，运用公共财政支出手段和加大公共支出中社会保障支出的比重，提升公共支出对社会保障的支持力度，加快全民覆盖的社会保障体系建设进程，是有效提升农村居民转移性收入水平和工资性收入水平的关键的途径，是缩小城乡居民收入差距的主要举措。因此，在公共支出政策的选择上，应加快农村养老保障制度和新型农村合作医疗制度建设与完善，推动城乡、区域之间社会保障制度的衔接与整合，重点提高对城镇居民养老保险、新型农村养老保险、城镇居民医保和新农合的补贴水平，健全社会救助体系和提高城乡居民最低生活保障标准，逐步形成与社会经济发展水平相适应的、覆盖城乡居民的社会保障待遇调整体系。

三 提高科教文卫支出的比重，加快推进城乡基本公共服务均等化进程

根据公共支出对城乡收入差距影响的实证分析，由公共支出导致的城乡居民收入差距在很大程度上是由于公共支出资源（尤其是公共科技支出、公共教育支出、公共文化传媒支出和公共卫生支出）在城乡间的配置不合理，过多向城镇地区和城镇居民倾斜城乡之间人均科教文卫支出差距较大。从民生角度来看，公共支出资源在城乡之间的配置不合理实际上就是城乡基本公共服务的非均等化。理论界与政府部门均已意识到城乡基本公共服务的非均等化所带来的负面冲击，所以中共十八大不但明确指出"着力促进农民增收"是"三农"工作的重要着力点和实现农民收入倍增的目标要求，而且也提出"加快农村基本公共服务体系建设和大幅度增加农村公共服务供给的力度"，到2020年达到"基本公共服务均等化总体实现"的宏伟目标。因此，从公共支出政策的选择上，应当提升公共财政支出中科教文卫支出的比重，加大对农村地区科教文卫支出的支持力度，实现科教文卫支出资源的公共配置，以此来提升农村人力资源水平，促进农村居民收入增长，缩小与城镇居民的收入差距。

四 加大农林水事务支出的比重，提升农村公共支出效率

农林水事务支出是农村居民直接受益的一项公共支出，其通过对农民和农业生产的直接补贴能够直接增加农村居民的收入，而且能够通过加大农村科技三项费用的投入，大力支持农业基础科学研究和应用研究，加强农业应用技术的推广与市场转化，促进农村与农业的发展，进而提高农民的收入水平。因此，在公共支出政策的选择上应加大农林水事务支出在公共支出中的比重。

但从上述实证分析结果来看，虽然整体上农林水事务支出能够缩小城乡居民收入差距，但其影响效果不大。所以政府有关部门应该在加大农林水事务支出的同时，注重提升其支出效率。首先可以通过严格执行《农业法》的要求，建立稳定的农林水事务支出保障机制；其次可以通过对农业行政事业机构的调整，控制并减少农业行政事业单位的事业费开支；最后农林水事务各项支出应该科学论证，严格执行支出预算专项专用，并定期公开相关信息和接受社会监督，把农林水事务支出真正用到支持对农民的补贴和农业的生产上。

五 控制行政经费和人员的膨胀，提高行政管理支出的使用效率

自改革开放以来，行政管理支出（一般公共服务支出）在规模和结构上都处于较快的上涨趋势，尤其是其占公共支出的比重整体上呈现出不断上升的趋势（近两年有略微的下降），支出比重仅次于经济建设支出和科教文卫支出。这与我国存在庞大的政府机构密切相关。上述实证结果中行政管理支出是导致城乡收入差距的主要因素，而且行政管理支出规模的扩大，挤占了其他有关民生的公共支出，比如科教文卫支出、农林水事务支出和社会保障支出，进而间接影响到农村居民收入增长。因此，在公共支出政策选择上，应从严控制行政经费数额和行政人员的膨胀，精简政府机构和提高办事效率，加快政府公务用车改革和公务接待费改革，提高行政管理支出的使用效率。

六 控制基本建设支出的比重，加强对农村基础设施的建设

农村基础设施的好坏直接影响到农村居民的收入水平。自改革开放以来，虽然基本建设支出在公共支出中的比重一直处于下降趋势，但仍处于较高水平，在公共支出结构中所占比重最大。一方面，基本建设支出比重过高会挤占其他项的公共支出；另一方面，城市化倾向的基本建设支出拉大了城乡基础设施的差距，进而导致城乡收入差距的扩大。因此，在公共支出政策的选择上，应控制基本建设支出的比重，改变以往的城市化倾向，注重与加强对农村基础设施的建设，尤其是直接增强农业竞争力和直接改善农业生产、改善农村居民生活条件的基础工程投资，比如农田水利、节水灌溉、公路交通邮电、农村电网、农村供水供电等方面的设施建设。

第八章　研究结论及展望

近年来城乡收入差问题一直是理论界与政府关注的焦点之一。本书从公共支出角度，探讨我国公共支出规模和结构对城乡居民收入差距影响。遵循由"理论到实证再到政策"的研究范式，在对现有文献进行综述的基础上，分析公共支出对城乡收入差距影响的传导机制，并从规模和结构两个视角，采用全国时间序列和区域面板数据进行实证检验，最后依据实证结果、结合当前经济现实提出相应的缩小城乡居民收入差距的公共支出政策启示。

第一节　研究结论

近年来，城乡收入差距过大的问题一直是中央政府和地方各级政府部门关注的焦点，如何调节过大的城乡收入差距成为理论界讨论的热点。现有的研究从城镇化、对外贸易、金融发展、劳动力流动等多个视角探讨了城乡收入差距问题的形成原因，但忽视了公共财政支出的影响，特别是系统、深入研究公共支出规模和结构对城乡收入差距影响的研究则更少。本书在分析了公共支出影响城乡收入差距传导机制的基础上，对中国近30年来公共支出与城乡收入差距的变动特征进行了描述性分析，并结合中国宏观经济现实，从规模和结构视角分别实证分析了全国及地方公共支出对城乡收入差距的影响。本书的主要研究工作与研究结论在于：

第一，对公共支出理论及公共支出对收入分配影响理论进行了简要的回顾和评析。发现国外学术界对公共支出理论的研究和公共支出对收入分配的研究较为丰富，国内学者对城乡收入差距变动影响因素的实证研究也做了大量的工作。但有关国内公共支出规模和结构对城乡收入差距影响问题的研究则比较薄弱、系统性不强。

第二，公共支出规模与结构对城乡收入差距影响的传导机制。从理论角度分析了公共支出规模与结构对城乡收入差距影响的传导机制，发现：①公共支出规模可能存在对城乡收入差距的直接影响，以及可能存在通过经济增长、就业和通货膨胀对城乡收入差距的间接影响；②公共支出结构（经济建设支出、农林水事务支出、科教文卫支出、社会保障支出和一般公共服务支出）对城乡居民收入差距的影响存在直接和间接的传导机制；③回顾了中国公共财政支出体制改革的制度变迁，在此基础上，构建出我国公共支出对城乡收入差距的影响的一个理论分析的概念框架，为下面章节的实证检验做好理论假设的铺垫。

第三，公共支出与城乡收入差距变动特征分析。在公共支出上总规模和结构子项的规模都呈增长的趋势。在比重上，各项支出所占的比重有收敛趋势，经济建设支出所占比重呈下滑趋势，而一般公共服务、教育、科学技术、医疗卫生、社会保障和农林水事务所占比重呈上升趋势。在城乡居民收入差距上，主要表现为城乡居民工资性收入差距和城乡居民的转移性收入差距，有一小部分来自城乡财产性收入差距。在区域上，城乡收入差距水平最高的是西部地区，远高于全国水平，其次是中部和东部地区，两个地区的城乡收入差距水平均低于全国的水平。

第四，公共支出规模对城乡收入差距影响的实证研究。首先采用时间序列计量方法实证分析了我国公共支出规模与城乡收入差距之间的关系，公共支出规模扩大可能对城镇居民与农村居民影响的效应不同而存在对城乡收入差距的直接影响，以及可能通过经济增长、就业和通货膨胀对城乡居民影响不同进而存在对城乡收入差距的间接影响；其次采用面板协整方法实证检验地方公共支出规模对城乡收入差距的影响。结果显示全国公共支出规模和地方公共支出规模对收入差距的影响效应短期内是一致的，都会扩大城乡收入差距。而长期则不一致，全国公共支出规模有助于缩小城乡收入差距，地方公共支出规模会扩大城乡收入差距。

第五，公共支出结构对城乡收入差距影响的实证研究。首先从全国的视角采用时间序列检验方法实证分析公共支出结构（经济建设支出、科教文卫支出、社会保障支出和农林水事务支出）对城乡收入差距的影响，发现科教文卫支出和社会保障支出是城乡收入差距扩大的主要解释因素，尤其是科教文卫支出，长期而言随着该支出比重增加而加大了城乡居民收入差距；经济建设支出和农林水事务支出有助于缩小城乡收入差距，但对城乡收入差距的影响不大且比较稳定。其次从地方省份的视角采用静态与动态面板检验方法实证分析了地方公共支出结构（一般公共服务支出、社会保障支出、农林水事务支出和科教文卫支出）对城乡收入差距的影响，实证结果显示静态面板数据模型与动态面板数据模型的估计结果基本一致，地方一般公共服务支出、社会保障支出和农林水事务支出是城乡收入差距扩大的主要影响因素，三者所占比重的增加会导致城乡收入差距的扩大；地方科教文卫支出则有利于城乡收入差距的缩小，其所占比重的增加会缩小城乡居民收入差距。而在进一步对东部、中部、西部地区的实证分析中发现，东部、中部、西部地区的一般公共服务支出是导致城乡收入差距的主要因素，社会保障支出、农林水事务支出和科教文卫支出在不同区域影响有所差别。从全国和地方省份两个角度的实证结果来看，发现公共支出结构对城乡居民收入差距的影响非常复杂，会因为样本区间、采用的估计方法和数据类型的不同，结果就会有很大的差异。

第六，对前面的理论与实证研究进行总结，并在此基础上从六个方面给出有效缩小城乡收入差距的相关公共支出政策建议：一是增加促进农村剩余劳动力转移的公共支出资源，提升农村居民的工资性收入水平；二是提高社会保障支出的比重，加快全民覆盖的社会保障体系建设进程；三是提高科教文卫支出的比重，加快推进城乡基本公共服务均等化进程；四是加大农林水事务支出的比重，提升农村公共支出效率；五是控制行政经费和人员的膨胀，提高行政管理支出的使用效率；六是控制基本建设支出的比重，加强对农村基础设施的建设。

第二节　研究展望

虽然课题组在本课题研究中提出了一些创新性的观点与方法，在一定程度上丰富和拓展了公共支出的收入分配理论研究体系，但是本书的研究仍然存在一些有待改进的局限性。同时也表明，对于公共支出对城乡收入差距影响传导机制与实证研究，受篇幅、时间以及作者研究水平的限制，仍有许多相关问题没有展开充分的论述，甚至还有很多研究问题没有进入本书的研究视野。但这并不意味着它们可以被忽视。下面课题组就本课题存在的局限性以及未来如何深化和扩展这一问题提出几个方面的思路。

第一，由于我国正处于经济社会体制转型升级时期，由于出台政策密集和统计口径改变，有一些公共财政支出政策、数据与成熟的发达国家相比缺乏连续性和可比性，限制了定量研究的进一步开展。恰当的时候，可以放松有关假设，开展更加深入的有关公共支出收入分配的理论与实证研究。

第二，在理论方法上，主要集中于公共支出规模和结构对城乡收入差距影响的传导机制分析，但忽视了公共支出来源及来源方式对城乡收入差距的影响机制分析。因此，在条件允许时，可以进一步探讨公共支出来源及来源方式对收入分配的影响，可以进一步拓展公共财政理论与收入分配理论，同时为我国实施恰当的缩小城乡收入差距的公共支出政策提供理论依据和政策参考。

第三，在计量方法的应用方面，由于我国处于明显的深化体制改革的进程中，大部分宏观经济政策尤其是财政政策可能存在结构性变化或结构性断点，因此，仅应用线性的计量模型来进行实证估计，其结果的可信性有可能受到影响。而引入非线性的计量模型进行估计，结合线性计量模型进行考察可以更好地刻画公共支出对城乡居民收入差距的影响效应，更有利于评价公共支出政策的居民收入分配效应。同时有助于加强我国公共支出收入分配理论研究体系的拓展与建立，并为我国实施恰当的缩小城乡收入差距的公共支出政策提供理论依据和政策参考。

参考文献

［1］［美］享德森著：《健康经济学》，向运华、钟建威、季华璐、颜韬译，人民邮电出版社 2008 年版。

［2］安虎森、颜银根、朴银哲：《城市高房价和户籍制度：促进或抑制城乡收入差距扩大？——中国劳动力流动和收入差距扩大悖论的一个解释》，《世界经济文汇》2011 年第 4 期。

［3］白仲林、张晓桐：《面板数据的计量经济分析》，南开大学出版社 2008 年版。

［4］庇古：《福利经济学》，华夏出版社 2007 年版。

［5］蔡昉：《城乡收入差距与制度变革的临界点》，《中国社会科学》2003 年第 5 期。

［6］蔡昉、王美艳：《为什么劳动力流动没有缩小城乡收入差距》，《经济学动态》2009 年第 5 期。

［7］蔡昉、杨涛：《城乡收入差距的政治经济学》，《中国社会科学》2000 年第 4 期。

［8］蔡继明：《如何把按劳分配与按生产要素分配结合起来》，《求知》1998 年第 2 期。

［9］曹立瀛：《西方财政理论与政策》，中国财政经济出版社 1995 年版。

［10］曹裕、陈晓红、马跃如：《城市化、城乡收入差距与经济增长——基于我国省级面板数据的实证研究》，《统计研究》2010 年第 3 期。

［11］陈安平、杜金沛：《中国的财政支出与城乡收入差距》，《统

计研究》2010 年第 11 期。

［12］陈斌开、许伟：《所有制结构变迁与中国城镇劳动收入差距演变——基于"估计—校准"的方法》，《南方经济》2009 年第 3 期。

［13］陈斌开、张鹏飞、杨汝岱：《政府教育投入、人力资本投资与中国城乡收入差距》，《管理世界》2010 年第 1 期。

［14］陈工、洪礼阳：《财政分权对城乡收入差距的影响研究——基于省级面板数据的分析》，《财经研究》2012 年第 8 期。

［15］陈共：《积极财政政策基本经验的探索》，《财政研究》2003 年第 8 期。

［16］陈萍、李平：《劳动力市场的所有制分割与城乡收入差距》，《财经问题研究》2012 年第 5 期。

［17］陈思霞：《缩小城乡收入差距的财政支出结构优化研究》，《群文天地》2009 年第 3 期。

［18］陈宗胜：《公有经济发展中的收入分配差别理论模型与假说（Ⅱ）：两部门模型、总模型及倒 U 形假说》，《南开经济研究》1991 年第 4 期。

［19］程开明：《聚集抑或扩散——城市规模影响城乡收入差距的理论机制及实证分析》，《经济理论与经济管理》2011 年第 8 期。

［20］程开明、李金昌：《城市偏向、城市化与城乡收入差距的作用机制及动态分析》，《数量经济技术经济研究》2007 年第 7 期。

［21］邓伟、向东进：《转型时期的国有经济与城乡收入差距——基于省级数据的实证分析》，《财贸经济》2011 年第 9 期。

［22］丁志国、赵宣凯、赵晶：《直接影响与空间溢出效应：我国城市化进程对城乡收入差距的影响路径识别》，《数量经济技术经济研究》2011 年第 9 期。

［23］丁志国、赵晶、赵宣凯、吕长征：《我国城乡收入差距的库兹

涅茨效应识别与农村金融政策应对路径选择》,《数量经济技术经济研究》2011 年第 7 期。

[24] 董志伟、吴军:《通货膨胀与城乡居民收入分配的关系研究》,《农业技术经济》2013 年第 5 期。

[25] 段景辉、陈建宝:《城乡收入差距影响因素的非参数逐点回归解析》,《财经研究》2011 年第 1 期。

[26] 樊纲:《通货膨胀与收入差距》,《经济经纬》1995 年第 2 期。

[27] 傅勇、张晏:《中国式分权与财政支出结构偏向:为增长而竞争的代价》,《管理世界》2007 年第 3 期。

[28] 高霖宇:《社会保障对收入分配的调节效应研究》,经济科学出版社 2009 年版。

[29] 高梦滔、姚洋:《健康风险冲击对农户收入的影响》,《经济研究》2005 年第 12 期。

[30] 高培勇:《奔向公共化的中国财税改革——中国财税体制改革 30 年的回顾与展望》,《财贸经济》2008 年第 11 期。

[31] 龚六堂、邹恒甫:《财政政策与价格水平的决定》,《经济研究》2002 年第 2 期。

[32] 顾磊:《国际外包与我国城乡收入差距关系的实证研究:1981—2007》,《国际贸易问题》2009 年第 2 期。

[33] 郭代模、马洪范:《我国财政政策演进的特征、成效与经验》,《财经研究》2006 年第 7 期。

[34] 郭剑雄:《人力资本、生育率与城乡收入差距的收敛》,《中国社会科学》2005 年第 3 期。

[35] 郭庆旺、贾俊雪:《基础设施投资的经济增长效应》,《经济理论与经济管理》2006 年第 3 期。

[36] 郭庆旺、贾俊雪:《政府公共资本投资的长期经济增长效应》,《经济研究》2006 年第 7 期。

[37] 郭庆旺、吕冰洋、张德勇:《财政支出结构与经济增长》,《经济理论与经济管理》2003 年第 11 期。

［38］郭新强、胡永刚：《中国财政支出与财政支出结构偏向的就业效应》，《经济研究》2012 年第 S2 期。

［39］韩俊：《农民种粮的收益非常低》，《农村工作通讯》2012 年第 5 期。

［40］汉森：《财政政策与景气循环》，转引自《西洋经济学者及其名著辞典》，外文书店 1980 年版。

［41］胡琨：《我国财政改革和政策实践研究》，《技术经济与管理研究》2013 年第 4 期。

［42］胡宗义、刘亦文：《金融非均衡发展与城乡收入差距的库兹涅茨效应研究——基于中国县域截面数据的实证分析》，《统计研究》2010 年 5 期。

［43］黄智淋、赖小琼：《我国通货膨胀对城乡收入差距的非线性影响》，《经济学动态》2011 年第 1 期。

［44］黄智淋、赖小琼：《中国转型期通货膨胀对城乡收入差距的影响——基于省际面板数据的分析》，《数量经济技术经济研究》2011 年第 1 期。

［45］纪江明、张乐天、蒋青云：《我国城乡社会保障差异对居民消费影响的实证研究》，《上海经济研究》2011 年第 1 期。

［46］贾康：《中国财政体制改革之后的分权问题》，《改革》2013 年第 2 期。

［47］解垩：《财政分权、公共品供给与城乡收入差距》，《经济经纬》2007 年第 1 期。

［48］金戈：《公共支出与经济增长关系的实证研究：一个文献综述》，《浙江社会科学》2009 年第 6 期。

［49］金双华：《公共产品供给与城乡收入差距》，《东北财经大学学报》2008 年第 5 期。

［50］凯恩斯：《就业利息和货币通论》，商务印书馆 1963 年版。

［51］寇铁军、金双华：《财政支出规模、结构与社会公平关系的研究》，《上海财经大学学报》2002 年第 6 期。

[52] 雷根强、蔡翔：《初次分配扭曲、财政支出城市偏向与城乡收入差距——来自中国省级面板数据的经验证据》，《数量经济技术经济研究》2012 年第 3 期。

[53] 李金玲、宋效中、姜铭：《我国财政支出结构与社会公平的实证分析》，《内蒙古大学学报》（自然科学版）2008 年第 6 期。

[54] 李尚蒲、罗必良：《城乡收入差距与城市化战略选择》，《农业经济问题》2012 年第 8 期。

[55] 李实：《中国农村劳动力流动与收入增长和分配》，《中国社会科学》1999 年第 2 期。

[56] 李实、赵人伟：《中国居民收入分配再研究》，《经济研究》1999 年第 4 期。

[57] 李实、赵人伟、张平：《中国经济转型与收入分配》，《经济研究》1998 年第 4 期。

[58] 理查德·马斯格雷夫、佩吉·马斯格雷夫：《财政理论与实践》，中国财政经济出版社 2003 年版。

[59] 廖楚晖：《中国人力资本和物质资本的结构及政府教育投入》，《中国社会科学》2006 年第 1 期。

[60] 林光彬：《等级制度、市场经济与城乡收入差距扩大》，《管理世界》2004 年第 4 期。

[61] 林毅夫、刘培林：《中国的经济发展战略和地区收入差距》，《经济研究》2003 年第 3 期。

[62] 林玉霞：《公共支出与经济增长：一个文献综述》，《知识经济》2010 年第 8 期。

[63] 刘成奎、王朝才：《财政支出结构与社会公平的实证分析》，《财政研究》2008 年第 2 期。

[64] 刘国恩、William H. Dow、傅正泓、John Akin：《中国的健康人力资本与收入增长》，《经济学（季刊）》2004 年第 4 期。

[65] 刘进、丁伟、刘军民：《关于公共支出与经济增长关系的分析与实证研究》，《财政研究》2004 年第 3 期。

［66］ 刘克崮：《1994 年前后的中国财税体制改革》，《中共党史资料》2009 年第 4 期。

［67］ 刘立峰：《4 万亿投资计划回顾与评价》，《中国投资》2012 年第 12 期。

［68］ 刘尚希、邢丽：《中国财政改革 30 年：历史与逻辑的勾画》，《中央财经大学学报》2008 年第 3 期。

［69］ 刘渝琳、陈玲：《教育投入与社会保障对城乡收入差距的联合影响》，《人口学刊》2012 年第 2 期。

［70］ 刘渝琳、滕洋洋、李厚建：《FDI 的流入必然会扩大城乡收入差距吗？》，《世界经济研究》2010 年第 8 期。

［71］ 刘卓珺、于长革：《公共投资的经济效应及其最优规模分析》，《经济科学》2006 年第 1 期。

［72］ 陆铭、陈钊：《城市化、城市倾向的经济政策与城乡收入差距》，《经济研究》2004 年第 6 期。

［73］ 马草原：《金融双重门槛效应与城乡收入差距——基于风险预期的理论模型与实证检验》，《经济科学》2009 年第 3 期。

［74］ 马海涛、肖鹏：《中国财税体制改革 30 年经验回顾与展望》，《中央财经大学学报》2008 年第 2 期。

［75］ 马斯格雷夫著：《比较财政分析》，董勤发译，上海三联书店、上海人民出版社 1994 年版。

［76］ 毛程连：《西方财政思想史》，经济科学出版社 2003 年版。

［77］ 潘思思：《健康人力资本对我国城乡居民收入的影响》，硕士学位论文，浙江大学，2007 年。

［78］ 乔海曙、陈力：《金融发展与城乡收入差距"倒 U 形"关系再检验——基于中国县域截面数据的实证分析》，《中国农村经济》2009 年第 7 期。

［79］ 邱伟华：《公共教育支出调节收入差异的有效性研究》，《清华大学教育研究》2008 年第 3 期。

［80］ 冉光和、鲁钊阳：《金融发展、外商直接投资与城乡收入差

距——基于我国省级面板数据的门槛模型分析》，《系统工程》2011 年第 7 期。

[81] 冉光和、唐文：《财政支出结构与城乡居民收入差距的实证分析》，《统计与决策》2007 年第 8 期。

[82] 萨格勒、杜尔奈克：《财政政策和经济增长》，载乔治等编《经济增长研究综述》，长春出版社 2009 年版。

[83] 沈坤荣、张璟：《中国农村公共支出及其绩效分析——基于农民收入增长和城乡收入差距的经验研究》，《管理世界》2007 年第 1 期。

[84] 盛斌、魏方：《外国直接投资对中国城乡收入差距的影响：中国省际面板数据的经验检验》，《当代财经》2012 年第 5 期。

[85] 孙文祥、张志超：《财政支出结构对经济增长与社会公平的影响》，《上海财经大学学报》2004 年第 12 期。

[86] 唐礼智、刘喜好、贾璇：《我国金融发展与城乡收入差距关系的实证研究》，《农业经济问题》2008 年第 11 期。

[87] 陶然、刘明兴：《中国城乡收入差距，地方政府开支及财政自主》，《世界经济文汇》2007 年第 2 期 。

[88] 田新民、王少国、杨永恒：《城乡收入差距变动及其对经济效率的影响》，《经济研究》2009 年第 7 期。

[89] 王春雷：《税收公平收入分配的局限性分析》，《税务研究》2002 年第 9 期。

[90] 王俊：《中国政府卫生支出规模研究——三个误区及经验证据》，《管理世界》2007 年第 2 期。

[91] 王任飞、王进杰：《基础设施与中国经济增长：基于 VAR 方法的研究》，《世界经济》2007 年第 3 期。

[92] 王少平、欧阳志刚：《中国城乡收入对实际经济增长的阈值效应》，《中国社会科学》2008 年第 2 期。

[93] 王修华、邱兆祥：《农村金融发展对城乡收入差距的影响机理与实证研究》，《经济学动态》2011 年第 2 期。

［94］王征、鲁钊阳：《农村金融发展与城乡收入差距——基于我国省级动态面板数据模型的实证研究》，《财贸经济》2011 年第 7 期。

［95］威廉姆·贝弗里奇：《贝弗里奇报告——社会保险和相关服务》，华迎放等译，中国劳动社会保障出版社 2004 年版。

［96］魏浩、赵春明：《对外贸易对我国城乡收入差距影响的实证分析》，《财贸经济》2012 年第 1 期。

［97］魏众：《健康对非农就业及其工资决定的影响》，《经济研究》2004 年第 2 期。

［98］夏冠军：《实际汇率、进出口贸易和我国城乡收入差距——基于结构 VAR 模型的动态分析》，《经济地理》2010 年第 4 期。

［99］邢春冰：《教育扩展、迁移与城乡教育差距——以大学扩招为例》，《经济学（季刊）》2014 年第 1 期。

［100］邢伟：《城镇化背景下促进城乡社会保障制度的衔接与整合》，《宏观经济管理》2013 年第 7 期。

［101］熊婕、腾洋洋：《农村异质性劳动力转移对城乡收入差距的影响机制与检验——基于刘易斯二元经济理论的推理和实证分析》，《中国人口科学》2010 年第 S1 期。

［102］许海平、王岳龙：《我国城乡收入差距与全要素生产率——基于省域数据的空间计量分析》，《金融研究》2010 年第 10 期。

［103］许雄奇、张宗益：《财政赤字、金融深化与通货膨胀——理论分析和中国经验的实证检验（1978—2002）》，《管理世界》2004 年第 9 期。

［104］许秀川、王钊：《城市化、工业化与城乡收入差距互动关系的实证研究》，《农业经济问题》2008 年第 12 期。

［105］薛进军、园田正、荒山裕行：《中国的教育差距与收入差距——基于深圳市住户调查的分析》，《中国人口科学》2008 年第 1 期。

[106] 闫坤、程瑜：《促进我国收入分配关系调整的财税政策研究》，《税务研究》2010 年第 3 期。

[107] 闫坤、王进杰：《公共支出理论前沿》，中国人民大学出版社 2004 年版。

[108] 严成樑、龚六堂：《财政支出、税收与长期经济增长》，《经济研究》2009 年第 6 期。

[109] 严成樑、龚六堂：《政府公共支出理论框架评述》，《财经问题研究》2011 年第 1 期。

[110] 杨新铭、周云波：《技术进步与人力资本对城乡收入差距的作用——基于我国 1995—2005 年分省数据面板分析的实证研究》，《山西财经大学学报》2008 年第 5 期。

[111] 姚耀军：《金融发展与城乡收入差距关系的经验分析》，《财经研究》2005 年第 2 期。

[112] 叶志强、陈习定、张顺明：《金融发展能减少城乡收入差距吗？——来自中国的证据》，《金融研究》2011 年第 2 期。

[113] 尹恒、朱虹：《县级财政生产性支出偏向研究》，《中国社会科学》2011 年第 1 期。

[114] 尹利军、龙新民：《行政管理支出中存在的问题及其优化策略》，《改革与战略》2007 年第 11 期。

[115] 尹希果、陈刚、程世骑：《中国金融发展与城乡收入差距关系的再检验——基于面板单位根和 VAR 模型的估计》，《当代经济科学》2007 年第 7 期。

[116] 《域截面数据的实证分析》，《统计研究》2010 年第 5 期。

[117] 袁冬梅、魏后凯、杨焕：《实际汇率、进出口贸易和我国城乡收入差距——基于结构 VAR 模型的动态分析》，《中国软科学》2011 年第 6 期。

[118] 张车伟：《营养、健康与效率——来自中国贫困农村的证据》，《经济研究》2003 年第 1 期。

[119] 张立军：《金融发展与收入差距关系研究的新进展》，《数学

与研究》2006 年第 6 期。

［120］张学良：《中国交通基础设施促进了区域经济增长吗——兼论交通基础设施的空间溢出效应》，《中国社会科学》2012年第 3 期。

［121］张义博、刘文忻：《人口流动、财政支出结构与城乡收入差距》，《中国农村经济》2012 年第 1 期。

［122］章奇、刘明兴、陶然：《中国的金融中介增长与城乡收入差距》，北京大学 CCER 内部讨论稿，2003。

［123］赵人伟等：《中国居民收入分配再研究》，中国财政经济出版社 1999 年版。

［124］中华人民共和国财政部：《2011 中国财政年鉴》，中国财政杂志社 2011 年版。

［125］周端明、蔡敏：《中国城乡收入差距研究述评》，《中国农村观察》2008 年第 3 期。

［126］周世军、周勤：《政策偏向、收入偏移与中国城乡收入差距扩大》，《财贸经济》2011 年第 7 期。

［127］周晓津：《中国城乡收入差距：扩大还是缩小?》，《西部论坛》2012 年第 2 期。

［128］朱长存、马敬芝：《农村人力资本的广义外溢性与城乡收入差距》，《中国农村观察》2009 年第 4 期。

［129］庄子银、邹薇：《公共支出能否促进经济增长：中国的经验分析》，《管理世界》2003 年第 7 期。

［130］邹红、喻开志：《劳动收入份额、城乡收入差距与中国居民消费》，《经济理论与经济管理》2011 年第 3 期。

［131］Ales Bulir, "Inflation and Income Distribution: Further Evidence on Empirical Links", *A Working Paper*, August 1995, p. 5.

［132］Anand, S. & Ravallion, M., "Human Development in Poor Countries: On the Role of Private Incomes and Public Services", *The Journal of Economic Perspectives*, Vol. 7, No. 1 (Winter),

1993: 133 – 150.

[133] Arellano and Bond, "Some Tests of Specification for Panel Data: Monte Carlo Evidence and an Application to Employment Equation", *Rview of Economic Studies*, 1991, 58: 277 – 297.

[134] Banerjee, S. , A. Heshmati, and C. Wihlborg, "The Dynamics of Capital Structure", *Research in Banking and Finance*, 2004, 4, pp. 275 – 297.

[135] Banerjee, S. and C. Wihlborg, "Irreversibilities, Asset Specificity, and Capital Structure", *Manuscript*, June 1999.

[136] Barro, R. J. , "Government spending in a simple model of endogenous growth", *Journal of Political Economy*, 1990 (98): 103 – 125.

[137] Becker, G. , "Growing human capital investment in China Compared to Falling Investment in the United States", *Journal of Policy Modeling*, 2012, 34: 517 – 524.

[138] Becker, G. , "A Theory of the Allocation of Time", *Economic Journal*, 1965, 75: 493 – 517.

[139] Blundell, R. , and S. Bond, "Initial Conditions and Moment Restrictions in Dynamic Panel Data Models", *Journal of Econometrics*, 1998, 87: 11 – 143.

[140] Bond Stephen, Anke Hoeffler & Jonathan Temple, "GMM Estimation of Empirical Growth Models", *CEPR Discussion Paper* No. 3048, 2001.

[141] Breitung J. , "A Parametric Approach to the Estimation of Cointegration Vectors in Panel Data", *Econometric Reviews*, 2005, 151 – 174.

[142] Cochrane, J. H. , "Long Term Debt and Optimal Policy in the Fiscal Policy of Price Level", *Econometrica*, 2001, 69, 69 – 116

[143] Cruz, Robert D. , and Maria J. , Willumsen, "Wage Inflation, Fiscal Policies, and Income Distribution in Brazil", *Journal of Policy Modeling*, 1991, 13 (3) : 383 – 406,

[144] Eckstein, Z. and Zilcha, I. , "The effects of compulsory schooling on growth, income distribution and welfar", *Journal of Public Economics*, 1999 (55): 339 – 359.

[145] Economy, 1972, 80: 223 – 255.

[146] E. F. Blackburne and M. W. Frank, "Estimation of nonstationary heterogeneous panels ", *The Stata Journal*, Vol. 7, 2007, pp. 197 – 208.

[147] Fan S. , Hazell P. , Thorat S. , Linkages between Government Spending, Growth and Powerty in Rural India, Researeh Report 110, Washington, D. C. : IFPRI, 1999.

[148] Fan, S. , Zhang, L. , and Zhang X. , Growth, Inequality and Poverty in Rural China: the Role of Public Investments, IFPRI Research Report, 125, Washington D. C. , 2002.

[149] Futagami, K. , Mortia, Y. , Shibata, A. , "Dynamic Analysis of an Endogenous Growth Model with Public Capital", *Scandinavian Journal of Economics*, 1993 (95): 607 – 625.

[150] Ghosh, S1, Roy, U. , "Fiscal Policy, Long – Run Growth, and Welfare in a Stock – Flow Model of Public Goods", *Canadian Journal of Economics*, 2004 (37): 742 – 756.

[151] Groen Jan J. J. , Kleibergen F. , "Likelihood – Based Cointegration Analysis in Panels of Vector Error – Correction Models", *Journal of Business & Economic Statistics*, American Statistical Association, 2003, 21 (2): 295 – 318.

[152] Grossman, M. , "On the Concept of Health Capital and the Demand for health", *Journal of Political* [153] *Gupta, Sanjeev & Verhoeven, Marijn, "The Efficiency of Government Expenditure,*

Experiences from Africa", *Journal of Policy Modeling*, Vol. 23, 2001, pp. 433 – 467.

[154] Hansen, P. , " Large Sample Properties of Generalized Method of Moments Estimators", *Econometrica*, 1982, 50: 1029 – 1054.

[155] Hertel, Thomas, "Fan Zhai. Labor Market Distortions, Rural – Urban Inequality and the Opening of China's Economy", *World Bank Policy ResearchWorking Paper* 3455, November 2004.

[156] Hongyi Li and Hengfu Zou, "Inflation, Growth, and Income Distribution: A Cross Country Study", *Annals of Economics and Finance*, 2000, 3.

[157] Justin Yifu Lin, Fang Cai, Zhou Li, Social Consequences of Economic Reform in China: an Analysis of Regional Disparity in theTransition Period. in Mary – Franise Renard (Eds.), China and its Regions – Economic Growth and Reform in Chinese Provinces, Cheltenham : Edward Elgar, 2002.

[158] Kanbur R. , Zhang X. B. , "Which Regional Inequality? The Evolution of Rural – urban and Inland – costal Inequality in China from 1983 to 1995", *Journal of Comparative Economics*, 1999, 27, pp. 686 – 701.

[159] Kao, C. , "Spurius regression and residual – based test for cointegration in panel data", *Journal of econometrics*, Vol. 90, 1 – 44.

[160] Khan A. , and C. Riskin, *Inequality and Poverty in China in the Age of Globalization*, Oxfod : Oxford University Press, 2001.

[161] Killick, T. , "Politics, Evidence, and New Aid Agenda", *Development Policy Review*, 2004, 22, pp. 1 – 27.

[162] Laabas, B. & Limam, I. , "Impact of Public Policies on Poverty, Income Distribution and Growth", IFPRI/API Collaborative Research Project, 2004.

[163] Larsson R. , J. Lyhagen, M. Lothgren, "Likelihood – based cointegration tests in heterogeneous panels", *Econometrics Journal*, *Royal Economic Society*, 2001, 4 (1): 109 – 142.

[164] Leeper, E. , "Equilibria Under 'Active' and 'Passive' Monetary and Fiscal Policies", *Journal of Monetary Economics*, 1991, 27 (1): 129 – 147.

[165] Lloyd – Sherlock, P. , "Failing the Needy: Public Social Spending in Latin America", *Journal of International Development*, 2000, 12, pp. 101 – 119.

[166] Mayer, Susan, E. & Sarin, Ankur, "Some Mechanisms Liking Economic Inequality and Infant Mortality", Social Science & Medicine, 2005, 60: 439 – 455.

[167] Mb. Harun, Za. Rashid, Ab. Mohamed, Public Expenditure Impact on income Distribution in Malaysia, 2008, http: //dipse. unicas. it/wb2008/papers.

[168] Oktaviani, R. , Budiman, Hakim, D. B. , Siregar, H. , & Sahara, The Impact of Fiscal Policy on Indonesian Macroeconomic Performance, Agricultural Sectors and Poverty Incidences (A Dynamic Computable General Equilibrium Analysis) . Department of Socio – Economics Sciences, Faculty of Agriculture, Bogor Agricultural University, 2004.

[169] Patinkin, D. , "Money, Interest and Prices: An Integration of Monetary and Value Theory", Harper & Row (1st edition 1955), 1965.

[170] Pedroni P. , "Critical Value for Cointegration Tests in Heterogeneous Panels with Multiple Regressors", *Oxford Bulletin of Economics and Statistics*, 1999, 61: 653 – 678.

[171] Pedroni P. , "Panel Cointegration: Asymptotic and Finite Sample Properties of Pooled Time Series Tests with An Application to The

Ppp Hypothesis", *Econometric Theory*, 2004, 20 (3): 597 – 625.

[172] Persyn, D. and J. Westerlund, "Error Correction Based cointegration Tests for Panel Data", *Stata Journal*, 2008, 8 (2): 232 – 241.

[173] Pesaran, M. H. and Shin, Y., "Generalized Impulse Responses Analysis in Linear Multivariate Models", *Economic Letters*, 1998, 58: 17 – 29.

[174] Poterba, James M., "Income Inequality and Income Taxation", *Journal of Policy Modeling*, 2007, 29 (4): 623 – 633

[175] Powers, E. T., Inflation, Unemployment and Poverty Revisited, Economic Review, Federal Reserve Bank of Cleveland, 1995, Q III.

[176] Ravallion Martin, Shaohua Chen, "China's (Uneven) Progress Against Poverty", *World Bank Policy Research Working Paper* 3408, September 2004.

[177] Romer, C. D., Romer, D. H., Monetary Policy and the Well – Being of the Poor, Proceedings, Federal Reserve Bank of Kansas City, 1998.

[178] Ruggles, P. and M. O' Higgins, "The Distribution of Public Expenditures and Taxes among Households in the United States", *Review of Income and Wealth*, 1981, 27 (3), September.

[179] Sanjeev, D. et. al., "The Efficiency of Government Expenditure: Experiences from Africa", *IMF Working Paper*, 1997, WP/ 97/153.

[180] Sargent, T. J. and N. Wallace, "Some Unpleasant Monetarist A- rithmetic", *The Federal Reserve Bank of Minneapolis Quarterly Review*, 1981, pp. 1 – 17.

[181] Sargent, T. J. "Rational expectations and inflation", New York:

Harper&Row, 1986.

[182] Sicular, T. X. Yue, B. Gustafsson and S. Li, "The Urban – Rural Income Gap and Inequality in China", *Review of Income and Wealth*, Vol. 53 (1), 2007, pp. 93 – 126.

[183] Sims, C., "A Simple Model for the Study on the Determination of the Price Level and the Interaction of Monetary and Fiscal Policy", *Economic Theory*, 1994, 4 (3): 381 – 399.

[184] Squire, L., "Fighting Poverty", *American Economic Review*, Vol. 83, No. 2, 1993, pp. 377 – 382.

[185] Stefano, P., Anand, R. & Erwin, R. T., "How does the Composition of Public Spending Matter?" *World Bank Policy Research Working Paper*, 2005.

[186] S. Kuznets, "Economicgrowth and income Inequality", *The American Economic Review*, 1955, (5).

[187] Westerlund J., "Estimating Cointegrated Panels with Common Factors and The Forward Rate Unbiasedness Hypothesis", *Journal of Financial Econometrics*, 2007, 5: 491 – 522.

[188] Westerlund, J., "A Panel CUSUM Test of the Null of Cointegration", *Oxford Bulletin of Economics and Statistics*, 2005a, 67, 231 – 256.

[189] Westerlund, J., " A New Simple Tests for Panel Cointegration", *Econometrics Reviews*, 2005b, 24: 297 – 316.

[190] Williamson, T. & Canagarajah, S., "Is there a Place for Virtual Poverty Funds in pro – poor Public Spending Reform?" Lessons from Uganda's, *Development Policy Review*, 2003, 21, pp. 449 – 480.

[191] Woodford M. "Fiscal Requirements for Price Stability", *Journal of Money, Credit and Banking*, 2001, 33: 669 – 728.

[192] Wray, L., "Deficits, inflation and monetary policy", *Journal of*

Post Keynesian Economics，1987，19（4）：543 – 571。

[193] Yoshino，O.，Distribution of Workers. Household Income and Macroeconom. ic Activities in Japan：1963 – 1988，Review of Income and Wealth，Vol. 39，1993.